学习新思想
专题述评

《党建》杂志社★编

人民出版社

前　言

　　习近平新时代中国特色社会主义思想是当代中国马克思主义、二十一世纪马克思主义，是中华文化和中国精神的时代精华，实现了马克思主义中国化时代化新的飞跃。党的十九届六中全会审议通过的《中共中央关于党的百年奋斗重大成就和历史经验的决议》，用"十个明确"对习近平新时代中国特色社会主义思想的核心内容作了进一步概括。为做好习近平新时代中国特色社会主义思想的宣传阐释，聚焦"十个明确"的精神实质和丰富内涵，阐述习近平新时代中国特色社会主义思想的精髓要义及其原创性、历史性、世界性贡献，《党建》杂志特别策划邀请相关领域专家对党的十八大以来理论界围绕"十个明确"的研究状况进行梳理分析总结并提出深化研究的方向和建议，同时策划推出"习近平新时代中国特色社会主义思想的精髓"系列研究阐释文章。这些研究成果对推进习近平新时代中国特色社会主义思想的体系化、学理化建设发挥了积极作用，现结集出版，为深入学习贯彻习近平新时代中国特色社会主义思想提供指导帮助。

编者

2023 年 11 月

目　录

"十个明确"
研究述评

陈金龙 ┃ 华南师范大学马克思主义学院教授、博士生导师

崔雅稚 ┃ 华南师范大学马克思主义学院

习近平总书记关于中国共产党领导
重要论述研究述评

　　党的十九届六中全会审议通过的《中共中央关于党的百年奋斗重大成就和历史经验的决议》，用"十个明确"对习近平新时代中国特色社会主义思想的核心内容作了进一步概括。其中，关于"中国共产党领导"的重要论述列为"十个明确"之首。党的十八大以来，习近平总书记一再强调，中国特色社会主义最本质的特征是中国共产党领导，中国特色社会主义制度的最大优势是中国共产党领导，中国共产党是最高政治领导力量，全党必须增强"四个意识"、坚定"四个自信"、做到"两个维护"。理论界围绕习近平总书记关于中国共产党领导重要论述进行了全方位的研究，形成了系列研究成果。

研究重点

党的十八大以来，理论界对习近平总书记关于中国共产党领导重要论述展开了深入研究，主要集中在以下几个方面。

1. 关于中国特色社会主义最本质的特征是中国共产党领导的研究。理论界对习近平总书记关于"中国特色社会主义最本质的特征是中国共产党领导"这一重大论断的研究，主要聚焦于生成依据和价值意义。生成依据主要从历史、理论、现实三个维度进行阐释。一是历史依据。研究认为，坚持党的领导是党的百年奋斗重大成就和历史经验的总结，是党团结带领人民不懈奋斗的结果，是世界社会主义运动规律的凝练，具有历史客观性和必然性。二是理论依据。基于科学社会主义的基本原则，理论界追溯了马克思主义政党理论的基本原理，对中国共产党创新发展马克思主义政党理论的具体成果进行了总结，从理论维度阐明了中国共产党领导与中国特色社会主义的本质联系。三是现实依据。结合党的领导的具体实践，理论界研究认为，中国共产党是中国特色社会主义道路的开辟者和引领者，是改革开放的开启者和创新者，是中国特色社会主义事业的推进者，是全面建成小康社会的实践者，进一步深化了对"中国共产党领导是中国特色社会主义最本质的特征"的认识。

价值意义的研究主要集中在三个方面：一是强化党的领导地位。研究认为，将中国共产党领导上升到中国特色社会主义最本质的特征，更加突出了党的领导在中国特色社会主义事业中的地位和作用，对新时代坚持党的全面领导，深化认识党的执政规律，加强党的长期执政能力建设，回答"建设什么样的长期执政的马克思主义政党、怎样建设长期执政的马克思主义政党"这一重大时代课题，具有重要意义。二是创新发展理论。理论界从中国共产党领导与中国特色社会主义关系的梳理中把握本质特征，从对中国特色社会主义理论体系内在结构的深入认识、对社会主义建设规律的科学把握、对社会主义本质理论的创新理解、对社会主义发展历史逻辑的深刻总结等角度进行理论阐释，揭示了这一重大论断的理论创新。三是促进法治建设完善。理论界认为，这一重大论断的提出，有利于将党的领导由政治原则转化为宪法规范，赋予中国共产党以不断加强自身建设来引领社会主义发展完善的责任，是推动新时代中国特色社会主义发展的根本保证。有学者指出，2018 年通过的宪法第一条第二款增加规定"中国共产党领导是中国特色社会主义最本质的特征"，实现了党的领导由政治原则向宪法规范的转化，形成了我国现行宪法的中国特色社会主义最本质特征条款。这一条款既是中国特色社会主义发展的必然，也是我国宪法不断完善的必然。它不仅增强了宪法文本的逻辑连贯性，使宪法中"社会主义"概念更加明确和丰富，使"党的领导"更具有规范性，而且使其所处的宪法第一条第二款形成具有完整的逻辑结构、明确的规范内涵和规范效力的宪法规范。

2. 关于中国特色社会主义制度的最大优势是中国共产党领导的研究。在中国特色社会主义制度体系中起四梁八柱作用的是根本制度、基本制度、重要制度，其中具有统领地位的是党的领导制度。理论界对习近平总书记关于"中国特色社会主义制度的最大优势是中国共产党领导"这一论断的研究主要集中在两个方面。

一方面，从生成逻辑维度对这一论断进行多角度阐释。主要从四个视角切入：一是历史视角。研究认为，这一论断为党的百年奋斗取得的系列伟大成就所证实，是历史经验的总结。二是整体视角。有学者指出，"党的领导是中国制度的根源性优势，是其他制度优势生成运行的根本保障"。三是比较视角。理论界在将党的百年奋斗历史与中国近现代历史、与西方政党制度等进行比较中，阐释了这一论断的科学性。四是实践视角。理论界从中国共产党领导经济建设、政治建设、文化建设、社会建设、生态文明建设等领域的具体实践进行了系统研究，揭示了这一论断的实践意义和当代价值。有学者提出，中国共产党领导和中国特色社会主义制度具有内在统一性，即中国共产党领导是中国特色社会主义制度的来源、前提和基础，在中国特色社会主义制度的确立、发展和完善中起着决定性作用。中国共产党领导对于中国特色社会主义制度具有根源性、先在性，中国特色社会主义制度对于中国共产党领导具有依赖性、派生性，离开中国共产党领导，中国特色社会主义制度的显著优势既无法形成，更谈不上充分发挥作用。

另一方面，从现实逻辑维度对这一论断进行研究。实现第二个百年奋斗目标、实现中华民族伟大复兴的实践，面临诸多问题需要解决，理论界对于以习近平同志为核心的党中央从制度层面解决这些实践问题的重要论述进行了梳理和总结，研究了解决这些实践问题的基本思路、政策指向。例如，有学者将新时代党领导经济工作的重要经验从六个方面进行了概括：加强党对经济工作集中统一领导，善于把制度优势转化为治理效能；坚持以人民为中心的发展思想，推动经济高质量发展；以改革创新激发新动能，进一步解放和发展生产力；坚定不移走共同富裕道路，促进社会公平正义；坚持运用唯物辩证法，正确处理一系列重大关系；掌握科学的思想方法和工作方法，重视提高领导经济工作的能力和水平。有学者结合脱贫攻坚对党的领导优势进行分析，认为在决战决胜脱贫攻坚中党的领导优势体现在党中央的决心上、各级党委的政治担当上和脱贫攻坚大政方针、长远规划的统一性、稳定性以及政策实施的连续性上。有学者结合全面建成小康社会目标的实现，对党的全面领导优势进行阐释，提出党的全面领导是全面建成小康社会的政治保证，全面建成小康社会是党的全面领导的价值体现，"以人民为中心"是党的全面领导与全面建成小康社会的价值统领。党领导人民全面建成小康社会作为实现中华民族伟大复兴的内在要求和生动实践，既集中体现了党领导人民全面建成小康社会的使命担当、战略定位与实践内容，也深刻蕴含第二个百年党领导人民全面建设社会主义现代化国家的价值遵循与路径选择。党领导全面建成小康社会的伟大实践，极大地丰富了中华民族伟大复兴的深刻内涵，既为全面建设社会主义现代化国家奠定了坚实基础，也为人类文明进步作出了独具特色的中国贡献。还有学者结合抗击新冠疫情对党的集中统一领导优势进行分析，认为在抗击新冠疫情的斗争中，党中央统揽全局、果断决策，顶层谋划设计抗击新冠疫情方略，为夺取抗疫斗争胜利提供了根本保证；中国共产党的科学领导体系实现了自上而下的有机贯通，中央的决策部署得到高效精准贯彻，形成了抗击疫情的强大合力；中国共产党发挥群众组织力、社会号召力的优势，凝聚起全民抗疫的磅礴力量，展现了中国力量、中国精神、中国效率；抗击新冠疫情对世界各国政党的领导力是一次大考，中国共产党提交了一份满意答卷，领导力表现优异；中国共产党在疫情得到控制后相机抉择，统筹推进疫情防控和经济社会发展，充分彰显了党快速修复经济社会肌体的能力。抗击新冠疫情斗争取得的重大战略成果，充分展现了中国共产党领导的显著优势，再次证明中国共产党具有无比坚强的领导能力和领导优势。

3. 关于中国共产党是最高政治领导力量的研究。中国共产党是最高政治领导力量，是习近平总书记提出并反复强调的一个重大政治论断。为什么说中国共产党是最高政治领导力量？有学者指出，这是从马克思主义政党理论和不同时期中国共产党建设话语中得出的结论，具有理论合理性；这是由我国国家性质和国体政体所决定、国家宪法所确立，经过中国革命、建设、改革伟大实践所检验的,具有历史合理性和实践合理性;这是党在新时代保持政治先进性的内在要求,是建设新的伟大工程的现实需要,是维护党中央权威和集中统一领导的必然选择,具有价值合理性。有学者提出,中国共产党之所以能够脱颖而出最终成为最高政治领导力量,这是由中国共产党的先进性决定的、由中国共产党的历史作用赢得的、由中国共产党勇于自我革命的品格铸就的。还有学者认为,党是最高政治领导力量论断的生成,是党的领导制度在中国进行内生性演化的生动缩影,是中国特色政治话语体系的重要内容。这一论断在继承和发展马克思主义无产阶级政党思想的基础上,进行了富有中国特色的理论创新和话语转化,在完善概念内涵与外延的过程中提升了对党的领导制度的阐释能力,并在论断的历史演进中展现了话语表达的原则性、时代性和民族性特点。理论界认为,党是最高政治领导力量,是一个重大而鲜明的新论断,蕴含丰富的理论和实践创新。它是党的领导地位的新表述,是党的领导地位各种表述的集大成和升华;它是党的领导内涵的新境界,突出并强化使命领导、全面领导和整体领导;它是党的领导实践的新要求。

在关于"党是最高政治领导力量,主要体现在引领政治方向、统领政治体系、决断重大事项、领导社会治理等方面"的研究中,有学者认为,党的政治领导力的核心意蕴是联结政治领导哲学、政治领导科学和政治领导艺术等方面能力后的凝结与升华,表现为把握政治方向、防范政治风险、驾驭政治局面、完成政治任务、提升政治本领、凝聚政治共识和动员政治力量。有学者提出,中国共产党作为最高政治领导力量,不是抽象的而是具体的,主要体现在把准政治方向、统领政治体系、主导社会治理、决策重大问题等方面。

关于中国共产党如何巩固和保持最高政治领导力量地位,有学者提出,基本途径是加强政治建设、提高政治能力,关键举措是完善坚持党的领导的体制机制,重要法宝是驰而不息进行自我革命,根本任务是坚决做到"两个维护"。也有学者认为,新时代要坚定发展方向,坚持党的领导;完善制度体系,增强党的领导;提升治理水平,优化党的领导。

4.关于全党必须增强"四个意识"、坚定"四个自信"、做到"两个维护"的研究。党的十八大以来,以习近平同志为核心的党中央,根据世情国情党情变化对党的建设提出新要求,把增强"四个意识"、坚定"四个自信"、做到"两个维护"明确作为对广大党员、干部和各级党组织政治上的基本要求。

"四个意识"是政治意识、大局意识、核心意识、看齐意识的简称。理论界对"四个意识"的研究主要是从其由来、内涵、要义等几个方面展开的。有学者认为,"四个意识"是新时代加强党的建设的核心内容,是从严管党治党的重要抓手,是党员干部、各级党组织提高政治判断力、政治领悟力、政治执行力的基本条件。有学者将新时代党的政治建设强调"四个意识"的原因归结为三个方面:在内涵上,"四个意识"蕴含党的执政伦理与组织伦理的有机统一，由此建构起党员的价值取向与行为规则的内在统一；在现实问题的针对性上，"四个意识"构成维护党中央权威和集中统一领导的主观条件和基本要求，是适应新时代强国目标的必然逻辑；在实践上，"四个意识"的目标是通过夯实"四个服从"关系进而打造与时俱进、强而有力的党的组织文化。对于"四个意识"的具体内涵，有学者认为，政治意识是管方向的、管总的，确保全党坚持正确方向和正确立场；大局意识主要是要协调各种关系，确保局部和整体协调一致；核心意识、看齐意识是关键、是鲜明指向和衡量的标准。

"四个自信"是中国特色社会主义道路自信、理论自信、制度自信、文化自信的简称。理论界对"四个自信"的生成依据、科学内涵、内在关系、价值意蕴进行了具体分析，提出了坚定"四个自信"的实践进路。有学者提出，"四个自信"是一个整体，其实质是中国特色社会主义文明自信，只有把"四个自信"置于中国特色社会主义文明自信的总体性视域中，才能正确把握"四个自信"的逻辑理路及其核心要义。对于"四个自信"的内在逻辑，有学者提出，"四个自信"作为四种主观信念之间的内在联系，呈现出复杂性与动态性，具体包含同一、协同与层递三种关系。同一关系强调"四个自信"的指导思想、主题及主体具有内在一致性，这些一致性标定"四个自信"的基本特征、核心内涵以及价值取向等本质规定。协同关系强调"四个自信"之间并非简单的并列叠加而是协同互补，即在建构自信这一主观信念的过程中，"四个自信"之间功能互补、相互依赖，由此构成一个相互关联的协同机制。层递关系强调"四个自信"具有层层递进、逐步确立的历时性生成逻辑，这一逻辑显示出"四个自信"成为全党全社会共识是有其历史逻辑与现实基础的。有学者认为，"四个自信"是推动中国特色社会主义取得伟大胜利的强大精神动力，它形成精神驱动进而汇聚磅礴力量、整合价值共识进而推动历史进程、提升斗争精神进而增强战略定力。"四个自信"是建立在科学根据基础之上的实践自觉，其真谛与要义在于推动和引领当代中国实践，开辟中国式现代化新道路，创造人类文明新形态。也有学者提出，坚定"四个自信"关键在于贯彻新发展理念实现高质量发展，同时增进对于中国特色社会主义的认知，强化对于中国特色社会主义的情感，把握客观评价中国特色社会主义的方法。

学术界在分别研究"四个意识""四个自信"的基础上，对二者的关系进行了诠释。有学者提出，"四个自信"和"四个意识"既是相互联系、相互依存的统一体，也是相互促进、相互影响的有机体。"四个自信"是"四个意识"的信念前提和内在动力，"四个意识"是"四个自信"的理性自觉、行为表现以及展示途径。只有增强"四个意识"，才能彰显"四个自信"。有学者认为，党员干部坚定"四个自信"能够更好地保持政治定力，牢固树立政治意识；能够更好地养成战略思维，牢固树立大局意识；能够更好地维护党中央权威，牢固树立核心意识；能够更好地强化纪律观念，牢固树立看齐意识，为夺取新时代中国特色社会主义的伟大胜利提供纪律保证和价值认同。还有学者指明了党员干部对"四个意识"和"四个自信"存在的误区。具体包括：对党是最高政治领导力量领会不足，对中国特色社会主义的自信和认同不够，对中国共产党的根本宗旨理解不深，是一些党员干部对"四个意识"和"四个自信"存在的认识误区；对"两个维护"践行不彻底、对指导思想地位巩固不充分、对党的群众路线贯彻不到位，则是实践误区。若不对此加以重视，就会损害党的长期执政能力，动摇党员干部的思想根基，削弱人民群众的信任和支持。

对于"两个维护"的研究，理论界分别从理论逻辑、历史逻辑、现实逻辑进行了系统阐释。有学者认为，"两个维护"是党的十八大以来取得的重大政治成果和宝贵经验，是全党在革命性锻造中形成的共同意志，是坚持和加强党的全面领导的最高原则；"两个维护"是马克思主义党建学说的基本原则，是党的百年奋斗历史经验的深刻总结，是新时代推进党和国家事业发展的现实要求。有学者提出，"两个维护"是党的十八大以来以习近平同志为核心的党中央推进全面从严治党取得的重大政治成果和宝贵经验，其理论渊源、历史根基和实践依据共同构成"两个维护"的逻辑基础。就理论而言，它是马克思主义政党学说与中国传统政治理论的融合；就历史而言，它是党的百年建设史经验的提炼；就实践而言，它是新时代坚持和加强党的领导和党的建设的关键。"两个维护"是最重要的政治纪律和政治规矩，是根本政治要求、最高政治原则。理论界对"两个维护"的关系进行了探讨，认为二者在本质上是一体的。维护习近平总书记核心地位，就是维护党中央权威和集中统一领导；维护党中央权威和集中统一领导，首先要维护习近平总书记核心地位。"两个维护"存在递进关系，落脚点是坚决维护习近平总书记的核心地位。维护习近平总书记党中央的核心、全党的核心地位是根本和关键，维护党中央权威和集中统一领导是前提和保证，二者相辅相成、辩证统一。如何做到"两个维护"？有学者从思想情感上高度信赖核心、政治上坚决维护核心、行动上自觉服从核心、体制机制上保障核心等方面进行了诠释。还有学者认为，党员干部坚守"两个维护"的政治原则，可从思想意识、素质能力、言论行为、政治效果四个维度着手。具体而言，要深化政治认知，提高服从核心的思想自觉；增进政治认同，提高拥护核心的政治自觉；修炼政治言行，提升跟随核心的行动自觉；增强斗争精神，扩大捍卫核心的群众范围，确保维护效果。党的十九届六中全会通过的《中共中央关于党的百年奋斗重大成就和历史经验的决议》提出"两个确立"之后，理论界对于"两个确立"与"两个维护"的关系进行了诠释。有学者提出，"两个确立"是从党百年奋斗的重大成就与历史经验中总结出来的重要历史结论，是从党的十八大以来伟大实践中淬炼出来的重大政治成果，具有充分的理论依据和实践依据。"两个确立"既是马克思主义的内在属性，也是中国共产党的优良传统和实践探索的必然结果。"两个确立"是坚持和加强党的全面领导的内在需求，对稳步推进新时代党和国家事业发展，具有总揽全局、协调各方的领导核心作用；对于顺利推进中华民族伟大复兴的历史进程，发挥着思想引领和精神旗帜的决定性意义。"两个确立"与"两个维护"相辅相成、相互联系、相互贯通。坚定拥护"两个确立"，就必须坚决做到"两个维护"，反之亦然。

主要特点

党的十八大以来，理论界对习近平总书记关于中国共产党领导重要论述的研究，具有历史研究和现实研究相结合、实证研究和规范研究相结合、多学科视野方法的交叉融合、高度的自觉性和组织性等特点。

1. 历史研究和现实研究相结合。现实由历史发展而来，不了解历史就难以把握现实。中国共产党的领导地位、领导制度、领导方式、领导能力是在党的百年奋斗实践中形成的，习近平总书记关于中国共产党领导的重要论述是总结党的百年奋斗历史实践、历史经验得出的结论。理论界在研究该课题时，注意从历史的维度进行追溯，阐明坚持中国共产党领导的历史依据、历史经验，为坚持中国共产党领导提供历史支撑。同时，理论界的研究更多是从坚持和发展中国特色社会主义、实现中华民族伟大复兴的现实出发进行探讨，阐释了新时代坚持中国共产党领导的重要意义、实践要求，说明坚持中国共产党领导需要解决的问题，体现了关注现实、回答时代之问的研究取向。

2. 实证研究和规范研究相结合。实证研究要求从事实出发，客观呈现事实。理论界在研究这一课题时，结合了疫情防控、脱贫攻坚、全面建成小康社会、高铁和航天技术发展等具体事实进行分析，通过事实彰显中国共产党领导的制度优势和由此形成的集中力量办大事的制度优势。同时，理论界对中国共产党领导优势、特征、地位、作用等问题的阐释，具有规范研究的特点。比如，中国共产党领导是中国特色社会主义最本质的特征，中国共产党领导是中国特色社会主义制度的最大优势，中国共产党领导是党和国家的根本所在、命脉所在，中国共产党领导是全国各族人民的利益所系、命运所系。这一关于中国共产党领导"四个是"的观点和阐释，就属于规范研究。实证研究和规范研究相结合，增强了研究的解释力和说服力。

3. 多学科视野方法的交叉融合。中国共产党领导既是历史问题，也是现实问题；既是理论问题，也是实践问题；既是政治问题，又涉及经济、文化、社会、生态等领域。理论界的研究具有多学科参与、多视野观察、多方法透视的特点。马克思主义理论、哲学、政治学、法学、历史学、经济学、管理学、社会学、文化学等学科的学者，从自身的专业视野、研究方法展开研究，形成了学科交叉融合的优势，既揭示了中国共产党领导蕴含的深刻学理，也深化了对中国共产党领导实践的研究。多学科关注中国共产党领导的理论和实践，既表明了党总揽全局、协调各方的领导核心地位，也体现了中国学术界服务现实、用学术讲政治的责任担当。

4.高度的自觉性和组织性。伴随习近平新时代中国特色社会主义思想的形成，理论界对其研究逐步展开。党的十八大以来，基于研究的责任担当和现实诉求，理论界将习近平新时代中国特色社会主义思想作为重要课题进行研究，体现了理论界的学术自觉，为建构中国共产党领导的学术体系、话语体系作出了贡献。同时，为深化对习近平新时代中国特色社会主义思想的研究阐释，经党中央批准，全国先后成立了18家习近平新时代中国特色社会主义思想研究中心（院）。党的十九大以来发表的一系列研究文章，许多是以这些习近平新时代中国特色社会主义思想研究中心（院）的名义刊发的。习近平新时代中国特色社会主义思想研究中心（院）成为新时代重要的学术研究和宣传平台。

研究走向

随着习近平新时代中国特色社会主义思想的不断丰富发展和全面建设社会主义现代化国家新征程的开启，理论界对习近平总书记关于中国共产党领导重要论述的研究将继续和拓展，并呈现新的研究趋势和走向。

1.回归文本：科学把握习近平总书记关于中国共产党领导重要论述的理论构架。党的十八大以来，理论界论及中国共产党领导的论文较多，但全面、系统研究和阐释习近平总书记关于中国共产党领导重要论述的成果并不多见。研究者多以习近平总书记关于中国共产党领导的重要论述为指引，围绕中国共产党领导这一主题，选择相关问题进行拓展性研究和阐释，而对习近平总书记关于中国共产党领导重要论述的总体性研究关注不够。《论坚持党对一切工作的领导》《习近平谈治国理政》《十八大以来重要文献选编》《十九大以来重要文献选编》等文献的出版，为研究习近平总书记关于中国共产党领导重要论述提供了基本依据。基于这些基本文献，结合新时代坚持党的全面领导取得的显著成效和党总揽全局、协调各方领导核心作用的发挥，揭示习近平总书记关于中国共产党领导重要论述的基本内涵、体系结构、内在逻辑、基本特点，诠释其理论贡献、实践价值、实践成效，是理论界应当进一步关注的问题。

2. 面向实践：研究阐释中国共产党领导的现实问题。中国共产党领导是具体的，而不是抽象的。全面建设社会主义现代化国家、实现中华民族伟大复兴的实践进程，将面临前所未有的挑战。应对挑战、化解各种矛盾和问题，对加强中国共产党的全面领导提出了新的要求。统筹中华民族伟大复兴战略全局和世界百年未有之大变局，如何贯彻新发展理念实现经济高质量发展，如何构建新发展格局实现国内国际双循环，如何进一步发展全过程人民民主，如何掌握意识形态工作的领导权和话语权，如何解决我国社会主要矛盾以满足人民日益增长的美好生活需要，如何推动共同富裕取得更为明显的实质性进展、到本世纪中叶共同富裕基本实现，如何引领时代以构建人类命运共同体，如何进一步完善人类文明新形态。对于这些中国共产党领导面临的新的实践问题，理论界应进行深入具体的研究，提出有针对性、可操作性的对策和建议。

3. 更新方法：多学科研究中国共产党领导。党的全面领导是全方位领导，覆盖各类组织主体；党的全面领导是全领域领导，覆盖各项事业；党的全面领导是全过程领导，覆盖党和国家所有机构履行职责全过程。全方位、全领域、全过程领导如何实现，需要借鉴多学科的理论、方法进行研究，需要多学科的视域、范式提供支撑。党的十九届四中全会在谋划国家治理体系和治理能力现代化时，将"坚持和完善党的领导制度体系"作为其中重要内容，建立不忘初心、牢记使命制度，完善坚定维护党中央权威和集中统一领导的各项制度，健全党的全面领导制度，健全为人民执政、靠人民执政各项制度，健全提高党的执政能力和领导水平制度，完善全面从严治党制度，需要运用法学的理论、方法进行深入研究。在现有多学科交叉融合的基础上，引入现代科技手段研究党的领导能力、领导方式显得尤为必要。

4. 拓宽视野：彰显中国共产党领导的制度优势。中国共产党领导是中国特色社会主义制度的最大优势。优势是相比较而存在的，要说明中国共产党领导的制度优势，就要与西方政党制度进行比较，说明中国共产党领导的制度优势究竟体现在什么地方，为什么能具有这些优势。中国共产党领导及相关制度的建构，是人类政治制度史上的伟大创造，为人类政治文明的发展提供了中国方案、中国智慧。将中国共产党领导置于人类文明发展的长河中进行考察，更能彰显其独特价值和意义。随着中国国际地位的提升，中国共产党领导这一主题引起了国际学术界的关注。海外学者从理论建构、制度设计、领导力等维度对中国共产党领导进行阐释，对以习近平同志为核心的党中央的领导作用进行了具体介绍。将这些成果引进到国内，给予客观分析和评价，并对国际学术界关于中国共产党领导的误解和偏见进行剖析和批驳，有利于推进国内外学术界正常学术交流的开展。

党的十八大以来，坚持中国共产党领导的实践取得了实质性进展，党的领导弱化、虚化、淡化、边缘化的问题得到了根本改变；围绕中国共产党领导的学术研究也取得了重要进展，为今后一个时期深化对习近平总书记关于中国共产党领导重要论述的研究奠定了坚实基础。随着习近平总书记相关论述的丰富和原创性的积累，理论界在进行跟踪研究的同时，更应进行深入的学理研究，充分展示习近平关于中国共产党领导重要论述的原创性贡献，以彰显当代中国马克思主义、二十一世纪马克思主义的创造性和发展性。

张士海 | 山东大学马克思主义学院院长、教授、博士生导师

李自强 | 山东大学马克思主义学院

习近平总书记关于中国特色社会主义
总任务重要论述研究述评

　　党的十九届六中全会通过的《中共中央关于党的百年奋斗重大成就和历史经验的决议》用"十个明确"对习近平新时代中国特色社会主义思想的丰富内涵作了进一步概括。其中，"第二个明确"重申了新时代坚持和发展中国特色社会主义的总任务。党的十八大以来，习近平总书记在不同场合、多次讲话中围绕中国特色社会主义总任务，提出了一系列新思想、新观点、新论断，成为习近平新时代中国特色社会主义思想的重要组成部分。这一系列重要论述对于凝聚全党共识、激励全国各族人民开启全面建设社会主义现代化国家新征程具有重要意义。理论界围绕习近平总书记关于中国特色社会主义总任务重要论述展开了多方面研究，

并取得了较为丰硕的研究成果，为进一步深化相关理论研究提供了有益借鉴。

研究脉络

习近平总书记关于中国特色社会主义总任务的理论阐述，随着认识的深化不断丰富发展，这也成为理论界在相应时间节点开展宣传阐释与学理研究工作的基本遵循。

党的十八大报告指出："建设中国特色社会主义，总依据是社会主义初级阶段，总布局是五位一体，总任务是实现社会主义现代化和中华民族伟大复兴。"明确提出"中国特色社会主义总任务"这一概念。对此，习近平总书记专门强调："我们党的庄严使命、改革开放的根本目的、我们国家的奋斗目标，都聚焦于这个总任务、归结于这个总任务。"这反映出新时代中国共产党人对中国特色社会主义总任务的高度重视。党的十八大胜利闭幕后，理论界掀起学习阐释党的十八大精神的热潮，研究习近平总书记关于中国特色社会主义总任务重要论述的工作也随之开展。理论界不仅推出了诸如《牢牢把握建设中国特色社会主义的总任务》《建设中国特色社会主义的总依据总布局总任务》等一批高质量理论文章，而且出版了《2050中国：全面实现社会主义现代化》《伟大的复兴——新时代中国特色社会主义总任务》等一批高水平理论专著，为研究习近平总书记关于中国特色社会主义总任务重要论述奠定了良好基础。这一时期，理论界倾向于将总依据、总布局、总任务合并为"三总"进行宣传和阐释。雷云的《中国特色社会主义真谛和要义的新概括——试论"总依据、总布局、总任务"的深刻内涵和重大意义》、李昆明和杨超的《深刻领会和把握建设中国特色社会主义的总依据总布局总任务》等理论文章鲜明呈现出这种以"三总"为叙述角度的研究特色。

党的十九大报告确立了习近平新时代中国特色社会主义思想"八个明确"和"十四个坚持"的科学体系，中国特色社会主义总任务作为"八个明确"中第二个明确的主要内容，成为宣传和把握习近平新时代中国特色社会主义思想的重要向度。在学习解读党的十九大精神的热潮下，理论界推出了《在伟大旗帜下自觉担当新时代党的历史使命》《新时代主题、总目标、总任务及其关系的理论思考》等一批高质量理论文章。同时，党的十九大报告明确指出，"总任务是实现社会主义现代化和中华民族伟大复兴，在全面建成小康社会的基础上，分两步走在本世纪中叶建成富强民主文明和谐美丽的社会主义现代化强国"。这使得中国特色社会主义总任务的理论内容得到极大丰富，理论界对习近平总书记关于中国特色社会主义总任务重要论述的研究突破了以往的整体视域，细分出"实现社会主义现代化和中华民族伟大复兴"、"两步走"战略安排、"富强民主文明和谐美丽的社会主义现代化强国"等新的研究领域，产出了诸多优秀成果。其中，韩喜平的《中国梦是现代化的中国实践与中国智慧》、杨彬彬和马玉婕的《"中华民族伟大复兴"与"社会主义现代化"内涵及其关系考辨》等理论文章专门探讨了"社会主义现代化"和"中华民族伟大复兴"两个概念的辩证关系；王正绪的《两个"十五年"战略安排的重大意义》、倪邦文的《把握新时代发展战略安排的引领作用》等理论文章则深刻解读了"两步走"战略安排的转变机理和价值意蕴；孙代尧的《战略规划、大国发展与中国社会主义现代化强国建设》、石云霞的《论社会主义现代化强国思想的创新和发展》等理论文章对"社会主义现代化强国"问题进行了探讨。

习近平总书记在庆祝中国共产党成立 100 周年大会上的讲话，不仅在建党百年重要时间节点掀起了中国特色社会主义理论研究的高潮，而且贯穿其中的百年宏大叙事为理论界研究习近平总书记关于中国特色社会主义总任务重要论述提供了新的视角。李捷的《实现中华民族伟大复兴：中国近代以来全部历史的主题》、林建华的《中国共产党的百年奋斗与实现中华民族伟大复兴》、王刚的《中华民族伟大复兴主题形成和发展的逻辑进路》等一大批具有百年宏大视角和深厚史学积淀的理论文章脱颖而出，成为建党百年之际研究习近平总书记关于中国特色社会主义总任务重要论述的代表性成果。党的十九届六中全会通过的《中共中央关于党的百年奋斗重大成就和历史经验的决议》进一步丰富完善了中国特色社会主义总任务的理论内涵，增加了"以中国式现代化推进中华民族伟大复兴"的论述，指出，"明确坚持和发展中国特色社会主义，总任务是实现社会主义现代化和中华民族伟大复兴，在全面建成小康社会的基础上，分两步走在本世纪中叶建成富强民主文明和谐美丽的社会主义现代化强国，以中国式现代化推进中华民族伟大复兴"。随着"中国式现代化新道路"概念的明确，中国特色社会主义道路与中国特色社会主义总任务的关联性更为清晰。段妍的《中国式现代化道路及其实践的世界意义》、邓磊和张翟的《论新时代中国特色社会主义现代化道路的内在逻辑》、李斌雄和魏心凝的《中国共产党探索社会主义现代化道路的百年历程和基本经验》等一系列理论文章，实现了道路研究与总任务研究的有机融合，推动了关于这一重要论述的理论研究向纵深发展。

研究重点

目前，理论界对习近平总书记关于中国特色社会主义总任务重要论述的研究内容主要从"实现社会主义现代化和中华民族伟大复兴"、"两步走"战略安排、"社会主义现代化强国"以及"中国式现代化"四个基本方面展开。

关于实现社会主义现代化和中华民族伟大复兴的研究。理论界高度认同习近平总书记指出的实现社会主义现代化和中华民族伟大复兴的重大意义和重要地位，认为实现社会主义现代化和中华民族伟大复兴是中国特色社会主义事业的发展目标，我们党领导中国人民进行的一切奋斗，归根到底都是为了实现这一目标，这一目标是本世纪前半叶从全面建成小康社会走向现代化更宏伟目标的总动员令和行动纲领。新时代党和国家的指导思想、理论建构、战略部署、工作安排等，无不是围绕这一目标来展开的。也有观点认为，实现社会主义现代化和中华民族伟大复兴是中国特色社会主义理论体系的主题。王莉在《"实现社会主义现代化和中华民族伟大复兴"的科学理论——关于中国特色社会主义理论主题的学理思考》中指出，"现代化既是世界性的问题，更是当代中国的根本问题，理论主题就是要回答和解决这个根本问题。中国特色社会主义理论体系是改革开放以来，建设社会主义现代化伟大实践中形成和发展起来的。如果离开'实现社会主义现代化和中华民族伟大复兴'这个理论主题，也就是离开中国特色社会主义总任务，谈发展、谈社会主义、谈问题解决都不是真正意义上的中国特色社会主义"。

理论界探讨了实现社会主义现代化和中华民族伟大复兴的出场语境。一方面，强调这一发展目标既体现了中国共产党的使命要求，又顺应了中华民族历史命运的走向，具有深刻的历史必然性。刘新年等人在《深刻认识和把握坚持和发展中国特色社会主义的总任务》中指出，"实现社会主义现代化和中华民族伟大复兴是中国共产党与生俱来的历史使命"，中国共产党团结带领全国各族人民历尽千辛万苦、战胜千难万险，在社会主义现代化建设和实现中华民族伟大复兴的道路上阔步前行，使中华民族迎来了从站起来、富起来到强起来的伟大飞跃。文章还指出，实现社会主义现代化和中华民族伟大复兴的目标汇聚了每一个中华儿女、华夏子孙对美好生活的热切向往，是国家利益、民族利益、人民利益的高度统一，"是全体中华儿女对美好生活向往的最大公约数"。另一方面，认为这一发展目标既契合社会主义初级阶段的历史任务，又立足于当代中国的发展成就，具有深刻的现实确证性。秦宣在《论道路、理论体系、制度与总依据、总任务和总布局的关系》中指出，当代中国最大的实际就是中国正处于并将长期处于社会主义初级阶段。搞建设、谋发展，都不能脱离这个最大国情和最大实际。确立实现社会主义现代化和中华民族伟大复兴的总任务，"就是基于社会主义初级阶段的实际，是由社会主义初级阶段的基本国情决定的"。党和国家在整个社会主义初级阶段的奋斗目标，就是要按照现代化建设"三步走"的战略部署，建成富强民主文明和谐美丽的社会主义现代化强国。姜淑萍在《为了实现中华民族的伟大梦想——对建设中国特色社会主义总任务的认识》中谈到，在推进现代化的历程中，我们党团结带领人民创造了一个个令世界称奇的辉煌成就，国家面貌发生新的历史性变化，这些巨大成就和变化"把现实和现代化与民族复兴的距离拉近"，为总任务提供了充分的现实依据。

理论界梳理了实现社会主义现代化和中华民族伟大复兴的内在联系，认为二者虽有区别，但相辅相成、有机统一。王炳林和方建在《实现社会主义现代化和中华民族伟大复兴》中谈到，实现中华民族伟大复兴离不开社会主义现代化，二者都以实现国家富强、民族振兴、人民幸福为价值追求，都以中国特色社会主义道路为实现路径，都坚持中国共产党的领导，有着共同的战略步骤，在整个历史进程中同向共进。但"实现社会主义现代化又不完全等于实现中华民族伟大复兴，实现中华民族伟大复兴有着更为广泛的内涵和要求"，中华民族伟大复兴不仅表现在实现社会主义现代化的先进水平上，还包括整体提升民族精神风貌、发展道路的感召力、价值观念的影响力等方面，是一种全面发展、发达的状态。

关于"两步走"战略安排的研究。理论界明晰了"两步走"战略安排的发展定位，认为习近平总书记提出的"两步走"战略安排是中国特色社会主义事业的战略设计，在新的历史方位下对我国的发展方向进行了新的战略部署，有着严密的理论逻辑和丰富的思想内涵。陈德祥在《新时代"两步走"战略安排的理论逻辑与思想价值》中指出，作为一个国家发展的顶层设计和行动纲领，"两步走"战略安排并非概要的目标设计和大致的方向指引，而是科学规划和系统部署的有机统一。这一战略安排紧抓重大时间节点，首次部署了决胜全面建成小康社会后的实践路径，"从战略目标到战略步骤、从战略布局到战略重点、从战略途径到战略保障，环环相扣，成为一体"，科学回答了新时代"建设什么样的社会主义现代化强国""怎样建成社会主义现代化强国"的重大问题。

理论界归纳了"两步走"战略安排的演变特征。一方面认为，"两步走"战略安排所呈现的发展理路与我国现代化战略构想一脉相承，体现了中国共产党在长期奋斗中形成的宝贵经验和集体智慧，具有深刻的历史继承性。孙蚌珠在《新时代的战略安排彰显的规律性特点和历史性意义》中谈到，"有目标、有规划、有步骤实现现代化是中国共产党带领人民进行社会主义现代化建设的鲜明特点"。中国的现代化是由不同阶段的具体发展战略承继发展来实现的，具体发展战略没有偏离社会主义现代化这个总目标，而是把总目标阶段化，既是实现总目标的必经之路，也在时代和实践的发展中不断丰富完善着总目标。从这个意义上讲，"两步走"战略安排"体现了党对带领人民进行社会主义现代化建设进行战略设计方面成功经验的基本遵循"。另一方面强调，"两步走"战略安排立足实际、实事求是，不仅在坚持现代化方向的基础上适应了新时代社会主要矛盾的重大变化，而且在顺应世界大变革大调整的趋势中把握了国际发展的战略机遇，体现了合规律性与合目的性的高度统一，具有准确的现实研判性。陈扬勇在《深刻领会新时代中国特色社会主义发展的战略安排》中指出，"两步走"战略安排是"综合分析国际国内形势和我国发展条件，'两个一百年'奋斗目标进入交汇期、中国特色社会主义进入新时代的实际情况作出的，有丰厚的实践基础和现实依据"。

同时，理论界还探讨了"两步走"战略安排的价值意义，认为"两步走"战略安排准确把握了中国特色社会主义进入新时代的历史方位，不仅深化了社会主义发展的规律性认识，还为我们清晰勾画了建设社会主义现代化强国的总蓝图和时间表。具体而言，"两步走"战略安排不仅深化了关于社会主义发展阶段的认识，增进了关于我国社会主要矛盾的理解，为中国化时代化的马克思主义理论体系增添了新思想新内容，蕴含着丰富的理论价值，而且作为引领国家长远发展的战略规划，这一思想立足新时代、面向新征程，对于我国现代化事业进行了新的切实可行的部署和调整，展现了中国特色社会主义的光明前景，具有重要的实践意义。李程骅在《我国现代化建设"两步走"新战略的要义认知》中谈到，"两步走"战略安排"是对改革开放以来'三步走'战略的深化和拓展，是对中国特色社会主义现代化理论的丰富和发展，是实现中华民族伟大复兴的中国梦的实践路径，具有极强的前瞻性和发展引领作用"。

关于建设社会主义现代化强国的研究。理论界厘定了习近平总书记强调的建设社会主义现代化强国的概念内涵，认为社会主义现代化强国内涵十分丰富，是一项系统工程。程萍和康世功在《全面建成社会主义现代化强国的本质与途径》中指出，全面建成社会主义现代化强国，"强调的是由经济、政治、社会、文化和生态文明'五位一体'总体布局形成的全面和完整的全系统，全系统内各子系统及要素间相互联系、相互支撑、相互依存、相互促进"；"强调的是中国特色社会主义国家的本质性特征"，凸显了党的领导和人民至上的内在特质；"强调的是现代化的制度体系、治理模式、文化影响力和科技支撑水平的动态发展过程及结果"。孙代尧在《战略规划、大国发展与中国社会主义现代化强国建设》中同样谈到，"全面建设社会主义现代化国家的重心是'全面'和'高质量','全面'意味着推进系统有机的整体现代化建设,'高质量'不仅是对经济发展的要求,而且是要在经济、社会、文化、生态等各领域都实现高质量发展,以及国家治理现代化水平和政党现代化执政能力的不断提升"。

理论界梳理了社会主义现代化强国思想的发展脉络,认为社会主义现代化强国思想是中国共产党在探索中国的现代化道路历史进程中形成的,具有鲜明的历史延续性。欧阳军喜和王赟鹏在《社会主义现代化强国思想:演进、特征及其意义》中谈到,"世界范围的现代化发展总是伴随一定的制度条件,又与制度变迁密切相连。中国的现代化是在社会主义制度条件下展开的。社会主义改造的完成,标志着中国的现代化走上了社会主义的轨道"。新中国成立之后,中国共产党强国目标的核心是追求国家层面的经济现代化,在推进社会主义建设的过程中逐步形成了以社会主义工业化强国为核心的"四个现代化"的奋斗目标。党的十一届三中全会之后,邓小平重新确立毛泽东时代的"四个现代化"强国思想,并取用传统典籍中的"小康"概念将社会主义现代化强国目标具体化,"既有与民生息之意,也是在向世界昭示'中国式的现代化'的独特之处"。党的十八大以来,中国共产党经过一系列理论与实践探索,正式将"社会主义现代化强国"上升为国家战略,开启了迈向社会主义现代化强国的新征程。可以说,从"四个现代化"到新时代全面建设社会主义现代化国家战略目标的确立,充分体现出社会主义现代化强国建设既一脉相承又与时俱进的特点。

理论界探讨了社会主义现代化强国的世界意义，认为社会主义现代化强国创新了社会主义文明模式，勾画了中国特色社会主义的文明样态。刘晨光在《"人类文明新形态"何以可能？》中指出，中国特色社会主义"是不同于传统社会主义的一种新型文明"。这一文明模式是党领导人民对马克思主义的理论和实践创新，既在发展道路、价值诉求、内在目的、历史性质上实现了对第二大社会形态的跨越，又包含着共产主义社会因素；它既是当前人类社会所能达到的社会主义最高发展成就，也是人类未达到共产主义之前最理想的生活图景，是一种潜在的且已包含第三大社会形态基本萌芽的社会主义文明。同时，理论界着重强调建设社会主义现代化强国超越了资本主义文明的范式，打破了遵循资本主义现代化模式才是现代化的窠臼。高海波在《"人类文明新形态"的理论由来、科学内涵和核心要义》中谈到，这一超越既克服了西方资本主义文明资本逻辑主导的固有缺陷，又"立基于社会主义的时空条件来把握和扬弃资本主义文明，占有了它在科技发展、生产变革、市场建设以及人文思想等方面的进步成果"。

关于中国式现代化新道路的研究。理论界认为，习近平总书记强调的中国式现代化新道路是具有中国特色的民族道路。中华优秀传统文化的基因镌刻在中国现代化进程中，中国式现代化新道路是以中华民族历史文化传统为底色的现代化新道路，其体现的是中国式现代化新道路的

"根与魂"。徐坤在《中国式现代化道路的科学内涵、基本特征与时代价值》中指出，"中国式现代化道路坚守中国本土立场，从中国现代化发展的具体历史情境出发，坚持独立自主地探索一条符合中国具体实际的现代化道路，既彰显了导向现代化的一般属性，同时也结合民族具体实际做出了具有中国风格和中国气派的特殊探索"，实现了对民族主体性立场的坚守。这一道路贯穿着中华民族谋强盛求进步的行为主动，打破了对西方现代化的盲目崇拜，科学处理了现代化的一般特征与民族特殊性之间的辩证关系，彰显了人类社会关于现代化探索存在多样的可能性。

理论界认为，中国式现代化新道路是通往现代化的正确道路，是具有世界意义的文明新路。林伯海和李潘在《正确把握中国式现代化新道路中的若干辩证统一关系》中谈到，"中国式现代化新道路首先是现代化道路，是与世界现代化进程相连接的分支，而不是与之相脱节的孤岛"。中国式现代化新道路遵循世界现代化道路的普遍规律，体现现代化的一般特征，与世界现代化进程相连接，推动社会向更先进、更高级、更文明的阶段前进。因而，中国式现代化新道路要应对的问题，不仅是中国发展中所面临的问题，也是众多发展中国家乃至现代人类所面临的问题，具有极为重要的世界意义。这一道路为广大发展中国家开展现代化建设提供可资借鉴的新选择，为解决人类发展难题贡献了新智慧；在中国式现代化新道路基础上形成的人类文明新形态能够有效规避资本主义文明的局限性，超越了资本主义的核心逻辑，呈现出光明的发展前景，为人类文明进步指明了新路向。

　　同时，理论界还探讨了中国式现代化新道路的运行机理，进而明确了中国式现代化新道路的实践要求。王治东在《论中国式现代化新道路的三重逻辑特性》中指出，"中国式现代化新道路体现了人民作为现代化期待者、建设者和享有者的同一性"。因此，走中国式现代化新道路，就必须坚持人民至上的价值理念，吸引动员广大群众积极投身国家的现代化事业之中，真正发挥出人民群众改造世界的磅礴力量。邹广文在《中国式现代化道路的文化解析》中谈到，中国式现代化新道路充分认可传统因素在现代化过程中的复杂作用，植根于中华文明，又不断从中华文明中获得滋养。因而，"今天的中国，需要通过对民族传统文化能动的创造性转化和创新性发展，让传统文化获得新的传承和传播，从而积极克服民族文化危机，建立起新的社会文化实践范式，以实现中华民族文化主体意识的真正觉醒和社会的全面进步"。王岩、吴媚霞则在《中国式现代化新道路与人类文明新形态的内在逻辑理路》中指出，"中国式现代化是开放包容而不是封闭排他的现代化，彰显文明的开放性"。就这一属性而言，创设范围更大、领域更宽、层次更深的开放条件，促进文明交流互鉴，是我国发展的内在要求，也是我国积极与世界各国加强交流合作、分享发展机遇，使中国的发展惠及世界的重要途径。同时，理论界着重强调，中国式现代化新道路是党团结带领人民历经千辛万苦、付出巨大代价开辟和发展的成功道路，中国共产党"通过加强长期执政能力建设，不断创新领导方式、健全领导制度、提升领导能力",成为开创中国式现代化新道路的根本保证。走中国式现代化新道路,必须坚持和加强党的全面领导。

研究展望

党的十八大以来,理论界关于中国特色社会主义总任务的研究已经取得了较为丰硕的成果,在一些重要问题上达成了共识。不过,习近平总书记关于中国特色社会主义总任务重要论述的理论内核总是在中国特色社会主义的伟大实践中不断丰富和发展的,这就需要理论研究者充分考察实践发展,把握理论创新,积极建构理论体系,推进中国特色社会主义总任务的理论研究不断深化。

把握新的历史和现实依据,挖掘新的研究资源。习近平总书记强调:"观察当代中国哲学社会科学,需要有一个宽广的视角,需要放到世界和我国发展大历史中去看。"一方面,理论研究必须树立大历史观,注重探寻历史渊源、进行历史比对,以动态的、发展的眼光去理解其理论内涵,审思其时代价值。没有充足的历史依据为支撑的研究成果,就如同无源之水、无本之木,停留在抽象的表面而难以立足。自党的十八大明确中国特色社会主义总任务后,中国共产党团结带领中国人民为实现这一目标不懈奋斗,创造了新时代中国特色社会主义伟大成就。可以说,新时代十年的奋斗和成就对于深化拓展中国特色社会主义的研究有着重要的历史参照意义。因此，必须把新时代党和国家事业取得的历史性成就、发生的历史性变革和积累的新鲜经验，作为未来研究必须加以把握的新的历史依据。另一方面，"理论在一个国家实现的程度，总是取决于理论满足这个国家的需要的程度"。中国特色社会主义总任务的具体内涵随着实践的发展而不断丰富创新，关于总任务的理论研究必然要着眼中国特色社会主义面临的实际境遇展开与调适。当前，"两个大局"交织融汇，错综复杂的风险和挑战、矛盾和问题势必会影响中国特色社会主义事业的具体推进。因此，考察中国特色社会主义总任务必须充分参照中国特色社会主义发展实际，全面把握国际国内条件变化，结合时代要求、实际需要和人民群众的新期待，提炼出更能满足理论需求的新观点，概括出更有规律性的新认识，提出具有标志性、引领性的理论观点。

重视并强化人类文明新形态研究，聚焦新的研究视域。习近平总书记在庆祝中国共产党成立 100 周年大会上的重要讲话中指出："我们坚持和发展中国特色社会主义，推动物质文明、政治文明、精神文明、社会文明、生态文明协调发展，创造了中国式现代化新道路，创造了人类文明新形态。"在这次大会上，人类文明新形态伴随着中国式现代化新道路实现了话语出场。这一概念将社会主义现代化逻辑、中华民族伟大复兴逻辑和人类文明发展逻辑熔铸结合，从宏阔的文明视野表述了中国特色社会主义的创造性意义，对于当代中国的伟大实践进行了深层次的价值注解，为开展中国特色社会主义理论研究提供了新的研究视角。从文明层面讲，中国特色社会主义总任务的目标指向就是要创造中国特色社会主义文明，而中国特色社会主义文明集中体现在创造社会主义现代化的人类文明新形态上。那么，阐释好、研究好人类文明新形态则是深入挖掘中国特色社会主义理论的价值内核，彰显中国式现代化新道路逻辑走向的题中应有之义，将在极大程度上拓展总任务理论研究的广度和深度。同时，人类文明新形态因其所属的文明范畴，将中国特色社会主义的发展路向置于人类文明的高度进行考量，本身就具有超出一般本土视域的国际视野。习近平总书记强调，要"打造易于为国际社会所理解和接受的新概念、新范畴、新表述，引导国际学术界展开研究和讨论"。因此，在总任务的研究中代入人类文明新形态的视角，无疑有利于拓展总任务理论的人类学意义，提升总任务研究的时代高度。

梳理中国特色社会主义总任务的内部逻辑架构，形成独特的理论标识。思想理论的研究走向成熟总是要通过特定的概念表述来划分出相对独立的研究范畴，进而形成具有自身特征的学界标识。研究范畴的不明确往往会导致学术研究超出这一理论自身的界限，导致内容的重合或者逻辑的混乱。就当前研究现状而言，"实现社会主义现代化和中华民族伟大复兴"、"两步走"战略安排、"社会主义现代化强国"以及"中国式现代化"均是深入研究中国特色社会主义总任务的主要向度，但并不等同于中国特色社会主义总任务的全部内容。因此，必须全面把握、科学梳理这一思想理论集成的要素构成和逻辑关联，创设关于中国特色社会主义总任务理论研究的整体视域。一方面，要对总任务理论进行质性定位，摆脱单纯地将其作为中国特色社会主义发展目标加以阐释的狭隘视域，以总体性视角明确总任务在中国特色社会主义理论体系特别是习近平新时代中国特色社会主义思想中的具体方位，把握好习近平总书记关于中国特色社会主义总任务重要论述的生成理路、核心内容、价值意蕴、实践要求等基本问题，并在此基础上围绕发展目标、发展步骤、发展模式、发展路径的理论要素构建总任务理论研究的体系框架。另一方面，要梳理好总任务理论之中各方面内容的逻辑脉络，坚持总任务理论研究的相对独立性，以具体性视角对其中的理论要素进行细致分析与科学释读，并在此基础上充分把握各要素的内在关系，尤其要阐释好、解读好中国式现代化新道路同人类文明新形态的逻辑关联，进而推动总任务理论研究以更贴合时代走向的样态走深走实，形成体系完善、内容丰富、独具特色的理论标识。

张 浩 | 中山大学中共党史党建研究院执行院长、马克思主义学院副院长、
教授、博士生导师

邹志鹏 | 中山大学马克思主义学院

习近平总书记关于以人民为中心的
发展思想研究述评

　　党的十九届六中全会审议通过的《中共中央关于党的百年奋斗重大
成就和历史经验的决议》，用"十个明确"概括了习近平新时代中国特色
社会主义思想的核心内涵。其中，"第三个明确"重申了新时代坚持以人
民为中心的发展思想的内容和要求。党的十八大以来，以习近平同志为
核心的党中央根据新时代社会主要矛盾的转化，提出以人民为中心的发
展思想，坚持一切为了人民、一切依靠人民，始终把人民放在心中最高
位置、把人民对美好生活的向往作为奋斗目标，推动改革发展成果更多
更公平惠及全体人民，推动共同富裕取得更为明显的实质性进展。理论

界围绕习近平总书记关于以人民为中心的发展思想的相关论述展开了多方面研究，取得了丰富的理论成果。

一、研究脉络

党的十八大以来，习近平总书记反复强调"人民对美好生活的向往就是我们的奋斗目标"，形成了以人民为中心的发展思想。2012 年，党的十八大报告就明确将"必须坚持人民主体地位"作为新的历史条件下夺取中国特色社会主义新胜利必须牢牢把握的基本要求之一。2015 年，党的十八届五中全会审议通过的《中共中央关于制定国民经济和社会发展第十三个五年规划的建议》强调，"必须坚持以人民为中心的发展思想，把增进人民福祉、促进人的全面发展作为发展的出发点和落脚点"。在随后的十八届中央政治局第二十八次集体学习时，习近平总书记又进一步从理论高度阐明："要坚持以人民为中心的发展思想，这是马克思主义政治经济学的根本立场。"这标志着"以人民为中心的发展思想"这一重要概念的正式提出。这一论述提出后迅速引起了理论界的研究热潮，先后发表了《牢牢抓住以人民为中心的发展思想这个主旨》《"以人民为中心的发展思想"的理论创新与现实意蕴》《深刻认识和把握以人民为中心的发展思想》《"以人民为中心的发展思想"的深刻内涵和重大意义》等理论文章。这一时期的相关研究成果表明，理论界将该思想的深刻内涵和重大意义作为研究重点，为该思想的继续研究奠定了良好基础。

党的十九大报告以"八个明确"回答了新时代我们要坚持和发展什么样的中国特色社会主义，报告指出："明确新时代我国社会主要矛盾是人民日益增长的美好生活需要和不平衡不充分的发展之间的矛盾，必须坚持以人民为中心的发展思想，不断促进人的全面发展、全体人民共同富裕。""必须坚持以人民为中心的发展思想"作为重要内容被写入了"第二个明确"，引起了理论界更广泛的关注和更深入的研究。这一时期，理论界出版了《以人民为中心的发展思想研究》《以人民为中心党员干部读本》《坚持以人民为中心的新发展理念》等一系列重要理论专著，对以人民为中心的发展思想的宣传普及理论提炼发挥了重要作用。与此同时，也有诸如《"以人民为中心"思想对传统民本思想的传承与超越》《"以人民为中心"三个问题的理论界说》《"以人民为中心"思想的理论源头——纪念〈共产党宣言〉发表170周年》《论习近平以人民为中心的生态文明思想》等学术文章，进一步阐述了以人民为中心的发展思想的理论来源、形成条件和创新之处，同时也推动了这一思想的理论研究向文化、生态等领域拓展。

习近平总书记在庆祝中国共产党成立100周年大会上，以宏大的历史思维，用九个"以史为鉴、开创未来"，总结了党的百年历史经验和对现实的启示。他指出，以史为鉴、开创未来，必须"团结带领中国人民不断为美好生活而奋斗"，必须"站稳人民立场，贯彻党的群众路线，尊重人民首创精神，践行以人民为中心的发展思想"。在随后召开的党的十九届六中全会上，党的第三个历史决议进一步丰富了以人民为中心的发展思想，并将其写入作为习近平新时代中国特色社会主义思想核心内容的"十个明确"之中。在举国欢庆党的百年华诞的热潮中，理论界也涌现了一大批以百年历史宏观叙事为手法的研究著作、学术论文和理论文章，如《中国共产党百年来把握社会主要矛盾的三重逻辑》《中国的民主》《新时代美好生活方式的人的全面发展尺度》《中国共产党领导中国走向富强的百年探索》等，对以人民为中心的发展思想进行了系统性总结和拓展性研究，并推动这一思想的研究向纵深发展。

二、研究重点

当前，理论界对习近平总书记关于以人民为中心的发展思想的研究取得了丰硕成果，包括形成条件、科学内涵、实践路径、价值意义等多个方面。

（一）关于思想的形成条件研究

党的十八大以来，关于以人民为中心的发展思想的形成条件的研究重点主要包括以下三个方面。

习近平总书记关于以人民为中心的发展思想有着深厚的理论基础。其一，唯物史观是习近平总书记关于以人民为中心的发展思想的理论基石。蔡昉、李冉、韩喜平等学者认为，以人民为中心的发展思想从现实的人出发，着眼于人民的现实利益，视人民为推动社会发展的根本力量，这充分体现了以人民为中心的发展思想是对马克思主义发展理论基本精神内核的坚守和发展。其二，马克思主义政治经济学也是习近平总书记关于以人民为中心的发展思想的重要理论来源。张迎春等学者认为，以人民为中心的发展思想，把人民当作发展的目的和主体，坚守了马克思主义政治经济学的主体性，强化了人民群众在社会主义生产关系发展中的重要作用，彰显了马克思主义政治经济学的终极价值。

习近平总书记关于以人民为中心的发展思想有着深厚的传统文化根基。"民本"思想在中华传统文化中一直占有重要的地位，中国共产党自诞生之日起就将为中国人民谋幸福、为中华民族谋复兴作为自己的初心使命，将"民本"思想贯穿在革命、建设和改革的各个时期。党的十八大以来，以习近平同志为核心的党中央强调"传统文化中的民惟邦本、重民本、以民为本、安民富民乐民的思想"，翁淮南、杨银桥等学者认为，以习近平同志为核心的党中央善于在治国理政的实践中将中国传统文化"民本"思想与中国特色社会主义建设紧密结合，充分彰显了以人民为中心的发展思想的传统文化底蕴。

习近平总书记关于以人民为中心的发展思想有着坚实的实践积累。该思想的实践基础可以从三方面进行分析：其一，纵观中国共产党的百年历史，始终全心全意为人民服务是中国共产党执政所向，中国共产党以人为本的实践逻辑为习近平总书记以人民为中心的发展理念提供了必然遵循。其二，改革开放特别是党的十八大以来，党团结带领人民在解决发展不平衡不充分等问题的实践过程中为该思想提供了必要的实践积累。其三，以人民为中心的发展思想还与习近平的个人实践经历密不可分。方世南、罗志勇等学者认为，习近平在陕北黄土高原上长达7年艰难困苦的知青岁月，全方位多层次的从政履历和人生阅历，十八大以来履新党的总书记砥砺奋进的实践经历，都是这一思想形成必不可少的实践前提。

（二）关于思想的科学内涵研究

习近平总书记关于以人民为中心的发展思想有着丰富的内涵。通过文献梳理可知，理论界主要从以下几个角度认识它的内涵。

从人民的角度考察内涵。"人民"在习近平总书记关于以人民为中心的发展思想中占据着核心地位，从人民的角度考察有助于理解这一思想内涵的价值性。韩庆祥、刘旭友等学者认为，以人民为中心的发展思想把人民当作发展的目的和主体，把人民利益当作发展的标准和尺度，体现了该思想对马克思主义人的本质学说的继承和发展。习近平总书记关于以人民为中心的发展思想，以鲜活的时代特征丰富了人的本质的现实性，以中华优秀传统文化丰富了人的本质的人文性，将人作为社会发展的价值主体和根本动力考察这一思想的功能结构，从现实性和价值性方面体现了这一思想的实质内涵。

从发展的角度考察内涵。"发展"是习近平总书记关于以人民为中心的发展思想的主题词,从发展的角度考察有助于理解这一思想的内涵本质。胡伯项、姜淑萍、李冉等学者认为,"发展为了人民、发展依靠人民、发展的成果由人民共享"是以人民为中心的发展思想的题中之义,该思想在发展目的上坚持一切为了人民,在发展主体上坚持一切依靠人民,在发展方法上坚持一切从问题出发,在发展效果上坚持一切由人民检验,充分体现了该思想的基本立场、方法论和价值观。

从党治国理政的角度考察内涵。"坚持以人民为中心"是新时代坚持和发展中国特色社会主义的一条基本方略。徐建龙等学者认为,以人民为中心的发展思想的内容涵盖了经济、政治、文化、社会、生态等各个方面,表现为:经济上兴民、政治上重民、社会上惠民、文化上安民、生态上利民。包俊红等学者将以人民为中心的发展思想与党的宗旨和奋斗目标结合起来考察,认为习近平总书记关于以人民为中心的发展思想与"全心全意为人民服务的宗旨一脉相承",体现了我们党的奋斗目标。总之,以人民为中心是我们党总结治国理政历史经验得出来的重要结论,是"回答重大时代课题的根本立足点",从治国理政的角度考察习近平总书记关于以人民为中心的发展思想的内涵是一个非常合适的切入视角。

(三)关于思想的实践路径研究

学者们对习近平总书记关于以人民为中心的发展思想的实践路径的研究主要有以下几个方面。

从人民的角度切入，通过发挥人的主体能动性为践行以人民为中心的发展思想提供根本动力。人民立场是马克思主义政党的根本政治立场，人民是历史进步的真正动力。李慎明等学者认为，要贯彻落实习近平总书记关于以人民为中心的发展思想，最关键的是要始终不渝地坚持人民立场。只有实现好、维护好、发展好最广大人民根本利益，让发展成果更多更公平惠及全体人民，才能让改革和发展真正得以实现。刘康、李怡学者则认为贯彻好中国共产党人的群众观是落实以人民为中心的发展思想的关键。中国共产党自成立以来就始终秉持从群众中来、到群众中去的群众观，坚持人民群众的历史主体地位，顺应广大人民群众对美好生活的期望，为实现社会主义宏伟目标提供了强大动力。推进习近平总书记关于以人民为中心的发展思想的落实，必须在实践中尊重人民主体地位和首创精神，充分发挥人民群众的积极性、主动性和创造性。

从发展的角度切入，通过完善市场经济作为践行以人民为中心的发展思想提供经济学途径。以唯物史观阐述了工人阶级在新的生产关系建立和发展中无可替代的历史地位和作用是马克思主义政治经济学的重要特征，以人民为中心的发展思想本质上属于政治经济学的范畴，中国共产党人开创的以人民为中心的市场经济就是对马克思主义政治经济学的继承和发展。在社会主义市场经济条件下，人民是实践主体、发展目的和发展动力，坚持以人民为中心就是要改变长期以来忽视人的发展的倾向，使社会主义市场经济回归到以人民为中心的发展本源上来。

从系统工程角度切入，通过制定具体的政策措施为践行以人民为中心的发展思想提供制度保障。系统工程方法，是指一种旨在通过各协调门类、各因素之间的关系以解决复杂的社会问题的系统的、整体的研究方法。有学者认为，以人民为中心的发展思想始终立足于不同发展阶段的具体条件和任务，围绕实现好、维护好、发展好最广大人民的根本利益和最终实现全体人民共同富裕的战略目标，来制定和实施科学的发展战略和决策，以其系统的布局构建了中国特色社会主义发展的战略思路。还有学者从社会结构出发，认为以人民为中心的发展思想要成为社会各领域和环节发展的指导思想，必须通过"全面推进我国经济、政治、文化、社会和生态文明建设"，激发广大人民的积极性和创造性。

从党的领导角度切入，通过加强和改进党的领导方式为践行以人民为中心的发展思想提供根本保证。中国共产党作为中国特色社会主义事业的领导核心，其执政和领导的能力水平关系到发展的成败，只有向实践学习、向人民学习，强化党员同志的责任感、专业性、创造性，才能提升执政党领导发展的主动性、科学性、预见性。除了发挥党员干部的能动性以外，还要切实加强党的建设，通过突出解决形式主义、官僚主义、享乐主义和奢靡之风，不断维护党为人民服务的性质和宗旨。此外，坚守马克思主义政党的崇高理想信念和价值追求，坚定马克思主义政党的人民立场，始终成为中国特色社会主义事业的坚强领导核心等方式，也被学者们认为是贯彻习近平总书记关于以人民为中心的发展思想和永葆马克思主义政党生机活力的根本途径。

（四）关于思想的价值意义研究

理论界对习近平总书记关于以人民为中心的发展思想的价值意义的研究主要是从现实价值和理论价值两方面进行考察的。

从现实价值看，习近平总书记关于以人民为中心的发展思想的价值主要有：其一，为解决新时代社会主要矛盾提供了理论指导。中国特色社会主义进入新时代，我国社会的主要矛盾已经转化为人民日益增长的美好生活需要和不平衡不充分的发展之间的矛盾。李淑梅、李培林等学者认为，贯彻以人民为中心的发展思想，有助于我们认清新时代社会主要矛盾的变化，通过解决社会主要矛盾实现全体人民的共同富裕、每个人能力的全面发展，实现社会发展与人的发展的内在统一。以人民为中心的发展与中华民族的伟大复兴是同一枚硬币的两面，没有人民的幸福，国家的强大就无从谈起，只有处理好其中的辩证关系才能求得永续发展的机会。其二，为我们党治国理政指明了价值遵循。"人民对美好生活的向往就是我们的奋斗目标"是新时代党的宣言。王明生、刘康等学者认为，坚持以人民为中心的发展思想是以习近平同志为核心的党中央治国理政的鲜明特色，党的十八大以来，在以人民为中心的发展思想的指导下，我们打赢脱贫攻坚战和决胜新冠疫情阻击战，充分彰显了我们党坚持人民至上、生命至上的价值理念。其三，为民族复兴凝聚了主体力量。中华民族伟大复兴的中国梦归根到底是人民的梦，以人民为中心的发展思想尊重人民的主体地位和首创精神，充分发挥人民群众的积极性、主动性和创造性，紧紧依靠人民的力量，为实现民族复兴凝聚了磅礴伟力。

从理论价值看，习近平总书记关于以人民为中心的发展思想的价值主要有：其一，丰富了马克思主义的发展观。新中国成立以来，中国共产党一直在探索符合中国国情的马克思主义发展观，习近平同志在这个问题上继承了前几代领导人的发展思想，同时结合新时代的具体国情提出了以人民为中心的发展思想，明确了发展的前提、目的和原则。冯金华等学者认为，以人民为中心的发展思想包含了"一切为了人民"和"一切依靠人民"两个基本要求，前者代表了发展的目的，后者反映了发展的动力，这与资本主义以资本为核心的发展模式截然不同，反映了马克思主义劳动价值论和政治经济学价值立场。其二，回答了新时代的重大时代问题。党的十八大以来，习近平总书记对关系新时代党和国家事业发展的一系列重大理论和实践问题进行了深邃思考和科学判断，回答了一系列重大时代课题。人民是这些时代课题的出发点和落脚点。在以人民为中心的发展思想的指导下，党团结带领人民以中国式现代化道路破解了一系列的发展难题。其三，反映了中国共产党对于三大规律的认识达到新的高度。李慎明、汪信砚等学者认为，以人民为中心的发展思想，强调发展的价值取向问题，是对过去发展模式的反思和新时代发展道路的探索，与以经济建设为中心相辅相成、相得益彰，共同构成坚持和发展中国特色社会主义必须遵循的基本原则，生动体现了对共产党执政规律、社会主义建设规律、人类社会发展规律的深刻认识和自觉运用。

三、相关研究

习近平总书记关于以人民为中心的发展思想内涵丰富，结构完整，新时代我国社会主要矛盾的转化是这一思想产生的时代背景，发展全过程人民民主是这一思想在政治层面的生动体现，推动人的全面发展和全体人民的共同富裕是中国社会发展的目标追求和价值引领。

（一）关于新时代我国社会的主要矛盾的研究

新时代我国社会主要矛盾的转化是以人民为中心的发展思想提出的时代依据，也是破解当前发展问题的根本立足点。理论界关于新时代我国社会的主要矛盾的研究主要集中在以下三方面。

关于社会主要矛盾转化的依据研究。理论界认为，党中央对新时代社会主要矛盾的认识主要来源于唯物史观和新时代所处的新的历史方位及建立其上的实践：其一，源于对马克思主义矛盾理论的认识和运用。唯物史观将生产关系与生产力、上层建筑与经济基础之间的矛盾视为社会基本矛盾，而社会主要矛盾是社会基本矛盾在一定社会各种具体矛盾中居于支配地位、起着规定或影响其他矛盾的矛盾。经过改革开放后经济的持续快速发展，我国国内生产总值总量已经稳居世界第二，中国社会各领域的生产力得到了显著提高，"落后的社会生产"已不能准确地反映现实的实际情况了，"不平衡不充分的发展"的表述，一方面承认在某些领域生产发展存在的问题，契合了我国所处的社会主义初级阶段的国情，也没有回避发展过程中存在的不平衡问题。另一方面，人民群众在满足了基本的生活需求后产生了新的更多样化、更深层次的需求，"物质文化需要"的表述也难以囊括这一需求的丰富性。因此，"美好生活需要"概念应运而生，既反映了人民群众对美好生活的内在向往，也体现了全面建成小康社会的外在要求。其二，源于新时代所处的新的历史方位及其实践。"新时代"的到来是"新时期"充分发展生产力的必然结果。改革开放以来，党团结带领人民不懈奋斗所创造的辉煌成果为步入新时代夯实了基础，特别是党的十八大以来我国所取得的卓越成就更为我国社会从新时期到新时代的跃迁铺垫了扎实的基石。新时代的"新"，不仅体现在党的十八大以来国家和人民富起来的程度和水平不断提升，还体现在我国在科技、军事、外交等领域实现的新突破，更体现在中国人民对中国特色社会主义道路、理论、制度和文化等方面的自信，中华民族迎来了从站起来、富起来到强起来的飞跃。正是由于处在这种承前启后、继往开来的重要发展阶段，必然会衍生于一个特定中心，这个"中心"就是新时代的主要矛盾。精确定位新时代主要矛盾的革命性意义就在于，能够为国家发展战略的调整、发展质量的提升、人的全面发展和社会全面进步作出正确指引。

关于新时代社会主要矛盾的内容研究。党的十九大报告首次指明了新时代社会的主要矛盾是"人民日益增长的美好生活需要和不平衡不充分的发展之间的矛盾",理论界关于新时代社会主要矛盾的研究主要集中在需求侧和供给侧这两方面。其一,新时代社会主要矛盾的转化体现了人民生活需要的丰富性。理论界普遍认为,新时代社会主要矛盾的转化是关系全局的历史性变化,从"人民日益增长的物质文化需要"到"人民日益增长的美好生活需要"的转化,反映主要矛盾在需求侧发生的深刻变化。长期以来,为了贯彻"以经济建设为中心"的基本路线,尽快补齐生产力不足的短板,发展在一定程度上忽视了人民群众需求侧的丰富性和层次性。因此,满足人民群众的"美好生活需要",既是全面建成小康社会的题中之义,也是补齐民生短板、化解社会矛盾的必然要求。其二,新时代社会主要矛盾的转化体现了社会发展存在的问题。有学者认为,从"落后的社会生产"到"不平衡不充分的发展"的转化,反映了社会主要矛盾在供给侧发生的质的变化。改革开放以来,中国社会在飞速发展的同时也积累了许多发展不平衡不充分、发展质量和效益不高、经济大而不强、城乡和区域发展不平衡、资源环境约束日益趋紧等问题。总的来说,在经济层面表现为不同领域的生产力发展的速度、规模和效益不平衡,在社会总体层面表现为与经济发展相比,文化、社会、生态等领域的发展相对落后。社会主要矛盾的转化要求供给侧升级,通过新的发展方式不断满足需求侧的发展变化。

关于新时代社会主要矛盾与新的发展方式的关系研究。现有研究成果认为，矛盾诸方面的发展是不平衡的，事物的性质主要是由取得支配地位的矛盾的主要方面所规定的。在"人民日益增长的美好生活需要"与"不平衡不充分的发展"的矛盾运动中，"不平衡不充分的发展"是矛盾的主要方面，一定阶段的"发展"水平决定了"需要"被满足的程度。因此，要解决新时代社会主要矛盾，就必须转变发展方式，着力提高发展的充分性与平衡性。一方面，必须看到我国社会主要矛盾的变化，没有改变我国社会主义所处的历史阶段，我国仍处于并将长期处于社会主义初级阶段的基本国情没有变，我国是世界上最大发展中国家的国际地位没有变。这一国情决定了我们必须坚持党的基本路线不动摇，通过大力发展经济，解决发展的"不充分"问题。另一方面，也必须看到社会主要矛盾变化带来的新特征、新要求和复杂国际环境带来的新矛盾、新挑战。要认清和立足新发展阶段，不断贯彻"创新、协调、绿色、开放、共享"的新发展理念，加快构建"以国内大循环为主体、国内国际双循环相互促进"的新发展格局，在经济高质量平衡发展的过程中解决"卡脖子"的发展问题以及与人民群众密切相关的民生问题，不断满足人民日益增长的美好生活的需要，不断增强人民群众的获得感和幸福感。

（二）关于发展全过程人民民主研究

发展全过程人民民主是习近平总书记关于以人民为中心的发展思想在政治层面的生动体现。理论界关于发展全过程人民民主的研究主要集中在其内在逻辑、实践特征和价值依归方面。

关于发展全过程人民民主的内在逻辑研究。争取民主是马克思主义政党的本质要求，也是中国共产党自成立之日起就为之不懈奋斗的目标。现有研究成果反映，发展全过程人民民主，是对马克思主义民主政治理论的继承发展，是对社会主义民主政治实践的深刻总结，是对中华民族伟大复兴伟业的不断推进。其一，争取民主是无产阶级革命任务中的重要组成部分，将民主贯穿在社会主义建设的全过程中是马克思主义政党的属性要求，全过程人民民主具有真实性、广泛性和全过程性，是社会主义民主与资本主义民主的一个显著区别。其二，实践是理论的先导，有学者指出，"民主是多样的，实现民主的道路并非只有一条"。中国的民主道路，是中国共产党团结带领人民，协调推进民主与发展、选举民主与协商民主、人民民主与国家意志，保障人民享有广泛而真实的民主权利，所得来的符合中国国情的社会主义民主发展道路。全过程人民民主是社会主义民主政治的伟大探索，是新时代中国特色社会主义政治制度的伟大创新。其三，中国共产党成立100多年来，坚持以人民幸福和民族复兴为己任，在不同的历史时期为了完成不同的历史任务而与时俱进地推进民主政治建设，适应不同时代的发展要求，回答不同的时代课题。唐皇凤、陈开菊等学者回顾了中国共产党百余年来推进人民民主的历史进程，认为我们党坚持守正创新，克服艰难险阻，为新时代中国特色社会主义民主建设提供了行动指南，为中华民族伟大复兴提供了强大支撑。

关于发展全过程人民民主的实践特征研究。人民当家作主是社会主义民主政治的本质和核心，是发展全过程人民民主的根本出发点和落脚点。关于发展全过程人民民主的实践特征，理论界主要从以下三个方面展开了系统研究：其一，全过程人民民主是社会主义新型民主，实现了对西式资本主义民主理论的全方位超越。有学者认为，中国的民主不是装饰品，而是用来解决人民实际需要的"良药"。全过程人民民主，不同于西方式民主只有在选举时被"唤醒"、投票后就进入"休眠期"的民主游戏，它是从选举、协商、决策、管理到监督，从政治、经济、文化、社会到生态的全链条、全方位、全覆盖的民主，它拒绝资本主义民主的局限性和虚伪性，将民主的真实性、普遍性视为自己的发展目标，始终高举人民民主的旗帜，将实现人民当家作主作为自己的使命，人民享有广泛而真实的权利。其二，全过程人民民主是最广泛、最真实、最管用的社会主义民主，体现了党的领导、人民当家作主和依法治国的有机统一。有学者认为，中国共产党是发展全过程人民民主的领导核心，坚持和改善党的全面领导制度和党中央集中统一领导制度，为保障人民当家作主提供了根本政治保证。坚持和完善人民代表大会制度、多党合作和政治协商制度、民族区域自治制度、基层民主制度，就是保证民主选举、民主协商、民主决策、民主管理和民主监督的顺利进行，保证人民的事情人民决定，众人的事情众人商量，发展全过程人民民主本质上就是保证人民当家作主。其三，全过程人民民主为世界政治文明发展作出重要贡献。有学者指出，各国民主有不同道路，全过程人民民主扎根中国社会土壤，各个环节始终以人民为中心，让人民实现全过程政治参与，有效保证了人民群众切身利益，适应了中国人口众多、发展不平衡不充分的现实国情，充分彰显了人民民主的鲜明特质和独特优势，为创造我国经济快速发展奇迹和社会长期稳定奇迹提供了重要保证，同时也打破了西方国家关于民主的唯一标准，为其他国家走出一条适合本国国情的政治发展道路提供借鉴、注入信心，为世界政治文明贡献了中国智慧。

关于发展全过程人民民主的价值依归研究。有学者认为，全过程人民民主作为中国独创的民主形式，其价值可从人民、国家和世界等三方面进行解读：其一，全过程人民民主，是人民群众参与到社会主义民主政治全过程的政治形式，是以人民为中心的发展思想在政治层面的反映，人民是全过程人民民主和以人民为中心的发展思想共同的出发点和落脚点。发展全过程人民民主，就是要使民主选举、民主协商、民主决策、民主管理、民主监督等各个环节，环环相扣，相互支撑，形成完整的持续的民主链条，使中国人民成为国家、社会和自己命运的真正主人。其二，全过程人民民主通过党的坚强领导、科学的制度体系、完整的民主程序链条、丰富的民主运作形式，使人民群众感受到了真实而广泛的权利。一个国家是否存在共识，是社会成员间能否凝聚成命运共同体的关键。全过程人民民主中的实现过程，就是寻求社会共识的过程，它强调通过多层次、多渠道、多形式的协商、沟通，在人民群众中形成对法律、政策、决策的最大共识，从而保障国家意志能够与人民意愿最大限度地统一起来，为全面建设社会主义现代化强国和实现中华民族伟大复兴凝聚了磅礴力量。其三，全过程人民民主的实现基础是党的领导、人民当家作主和依法治国的相互支撑，三者共同构成中国特色社会主义政治发展道路的核心内容。全过程人民民主，是目标追求、制度体系与民主实践的有机统一，是民主与集中、过程与效率的有机统一，既超越了资本主义程序民主，也超越了苏联式的社会主义民主，创造了人类政治文明新形态。

（三）关于推动人的全面发展研究

推动人的全面发展，是以人民为中心的发展思想的目标追求，是中国式现代化道路的本质要求。理论界关于人的全面发展的研究，大体可以从实现条件、整体性特征、与社会全面发展的关系等方面进行归纳。

关于人的全面发展的实现条件研究。理论界关于人的全面发展的实现条件研究，一方面尊崇了马克思主义人的发展理论的价值导向，另一方面从新时代的社会条件与人民群众的新需要出发，深刻把握了人的全面发展的科学内涵。其一，马克思主义人的发展理论是习近平总书记关于推动人的全面发展思想的理论基石。杨敏等学者认为，马克思主义基于人类历史一般进程的考察，创立了唯物史观，阐明了人的全面发展是人类社会演进的一个历史趋向，人的全面发展的历史性，为习近平总书记关于人的全面发展的思想提供了历史视野。其二，推动人的全面发展是社会主义的本质要求。马克思主义认为，人的全面发展并不是可以随意选择的，而是取决于生产力的发展水平以及建立其上的社会关系状况。人的社会关系要经过对人的依赖性、对物的依赖性和自由全面发展的三个阶段。与资本主义制度将人"物化"为商品不同，中国特色社会主义制度坚持以人民为中心的发展思想，将人的全面发展作为社会发展的价值引领，体现了中国共产党人的初心使命，也体现了社会主义的本质要求。其三，新时代人民群众的需要的发展对人的全面发展提出了时代要求。张三元等学者认为，人的需要是人类社会发展的动力，而人的需要又是一个不断发展的过程。随着中国特色社会主义进入新时代，人们的"物质文化生活"被提升到"美好生活"，"单面人"正在走向"全面的人"，这对人的全面发展提出了根本要求。总之，人的全面发展是理论逻辑、历史逻辑与实践逻辑的统一。

关于人的全面发展的整体性特征研究。人的全面发展理论有诸多方面的特征，其中最核心的一条就是整体性特征。马克思主义对于人的发展问题向来不是片面理解的，马克思早在《论犹太人问题》中就已对这个问题进行了探讨，马克思认为犹太人乃至整个人类不会在政治上废除宗教之后就立刻得到完全解放，这一问题还将以市民社会的形式继续存在。马克思主张从宗教、政治和经济三个方面思考人的解放和发展问题。中国共产党继承和发展了这一观点，习近平同志指出："人，本质上就是文化的人，而不是'物化'的人；是能动的、全面的人，而不是僵化的、'单向度'的人。"理论界从这一原则出发，着重考察了人的发展的整体性特征。他们认为，人全面发展的目标是多重的，有经济的、政治的、文化的，也有生态的，只有正确认识和准确把握社会主义的物质文明、政治文明、精神文明和生态文明建设同人的全面发展互为条件、互为前提的辩证统一关系，牢牢抓住经济建设这个中心，发展全过程人民民主，推动社会主义文化繁荣发展，不断保障和改善民生，不断推动美丽中国建设，才能不断推动人的全面发展。

关于人的全面发展与社会的全面发展的关系研究。理论界认为，以人民为中心的发展是把人民利益当作根本价值尺度的整个社会的全方面发展，研究人的全面发展，必须将其与社会的全面发展结合起来，主要观点有以下几点：其一，人类社会是一个有机体，社会发展是各因素、各力量综合作用的结果，每一种因素、每一个环节都对社会发展发挥着作用。要使社会保持在良好的运行状态，必须让各个要素、各个环节处于协调的关系中。人是社会生活和社会发展的主体，人的需要和实践活动为社会历史的发展提供动力。其二，人民群众自己创造自己的历史，美好生活既是人民对全面发展的期望，也实现人的全面发展的条件之一。人越全面发展，社会的物质文化财富就会创造得越多，人民的生活就越能得到改善，而物质文化条件越充分、美好生活越接近，又越能推进人的全面发展。其三，人作为社会关系的承担者，其社会本质决定了人并非孤立的原子，而是生活在社会中受社会结构制约的个体。人的发展依赖于一定的社会关系。社会发展是人的发展的现实载体，人的全面发展是社会全面进步的产物，只有在全面发展的社会中，人的需求才能得到满足，能力才能得到展现。总之，人的发展与社会的发展是辩证统一的关系，人在这一关系中始终起着能动的作用，人的全面发展既是社会发展的价值引领，又是社会全面发展的重要标志，以人民为中心的发展本质上就是以人的全面发展为中心的社会发展。

（四）关于推动全体人民的共同富裕研究

以人民为中心的发展思想不是一个抽象玄奥的概念，而是落实在经济社会发展各环节、全过程中的具体思想。推动全体人民的共同富裕，是以人民为中心的发展思想目标追求和价值引领。理论界主要从其生成逻辑、基本特征和实现路径等方面进行了研究。

关于推动全体人民共同富裕的生成逻辑研究。任何思想都不可能凭空产生，根据现有理论成果的研究可知，全体人民共同富裕的思想的产生基于以下几个方面：其一，马克思共同体思想以及对未来社会的勾画。马克思、恩格斯分析了资本主义私有制条件下的雇佣劳动制度，认为在资本主义社会里无产阶级的平等和自由是无法实现的，未来社会里只有无产阶级形成自由人的联合体才能实现共同富裕。其二，中国共产党人为实现全体人民的共同富裕而矢志不渝的奋斗历程。从新民主主义革命时期，党团结带领广大农民"打土豪、分田地"，实行"耕者有其田"，到改革开放以来，我们党深刻总结正反两方面历史经验，认识到贫穷不是社会主义，打破传统体制束缚，允许一部分人、一部分地区先富起来，推动解放和发展社会生产力，共同富裕成为中国共产党人矢志不渝的奋斗目标。其三，新时代脱贫攻坚为实现共同富裕奠定了坚实的物质基础。贫困是人类社会的顽疾，摆脱贫困始终是全世界各国的共同难题。党的十八大以来，在继承和发展多年来党在共同富裕实践探索和理论创新经验的基础上，党中央把握发展阶段新变化，把逐步实现全体人民共同富裕摆在更加重要的位置上，开创性地提出一系列关于推动全体人民共同富裕取得更为明显的实质性进展的建设思路，形成了一系列重要做法和原则，形成了实现共同富裕的基本方略。

关于推动全体人民共同富裕的基本特征研究。习近平总书记强调："我们说的共同富裕是全体人民共同富裕，是人民群众物质生活和精神生活都富裕，不是少数人的富裕，也不是整齐划一的平均主义。"理论界认为，党中央对共同富裕有着科学而准确的定义和丰富而具体的特征。其一，"全体人民的共同富裕"说明了共同富裕不是针对少数人的政策恩惠，而是基于共产主义远大理想和中国特色社会主义共同理想而作出的全局性的战略决策。其二，"人民群众物质生活和精神生活都富裕"则说明了党带领人民所追求的共同富裕不是单向度的物质富裕，而是包含物质、精神等方面在内的更平衡、更协调、更包容的富裕，包含了人民群众对美好生活向往的方方面面。其三，"不是整齐划一的平均主义"说明了共同富裕不是同时同步同等程度的平均主义的富裕，而是将共同富裕看作一个循序渐进的过程，根据每一个发展阶段的具体情况，尽力而为，量力而行，既要加强基础性、普惠性、兜底性民生保障建设，又要防止落入"福利主义"养懒汉的陷阱。总之，共同富裕是一个以人民为中心的长远的综合性目标，不可能一蹴而就，必须对其长期性、艰巨性、复杂性有充分估计。

关于推动全体人民共同富裕的实现路径研究。不同于空想的或批判的社会主义所描述的"乌托邦"，中国共产党所提出的共同富裕理想完全具有实现的可能性和现实性。立足于中国共产党探索全体人民共同富裕的探索实践，理论界对推动全体人民共同富裕的实现路径有以下几点共识：其一，社会主义制度为推动全体人民共同富裕提供了根本制度保证。在资本主义制度条件下，资本积累必定导致两极分化。而在社会主义制度条件下，产品为劳动者共同占有，生产目的是为了满足劳动者的物质文化生活需要，生产力的解放、发展可以成为实现"共同富裕"目标的手段。其二，生产力的发展为推动全体人民共同富裕提供了物质基础。党的十八大以来，我国经济实力、科技实力、综合国力大幅度跃升，脱贫攻坚战取得全面胜利，小康社会得以全面建成，我们已经到了扎实推动共同富裕的历史阶段。科技等领域的持续突破会为共同富裕创造更加坚实的物质基础。其三，以人民为中心的发展思想为推动全体人民共同富裕提供了方向引领。践行以人民为中心的发展思想，是贯穿我国经济社会发展各环节、全过程的战略思想。以人民为中心的发展与全体人民的共同富裕是密不可分的，实现共同富裕的目的是为了使人民过上美好生活，实现共同富裕的依靠力量是全体人民的共同团结奋斗，实现共同富裕的衡量尺度是人民群众的满意度。要实现全体人民共同富裕，必须贯彻以人民为中心的发展思想。

四、研究展望

从目前梳理的文献资料来看，党的十八大以来社科理论界对习近平总书记关于以人民为中心的发展思想的研究非常活跃，成果丰富，成效显著，为该思想的继续研究积累了思想和理论资源。但需要辩证地看待的是，在一些相关领域的研究方面仍有不少提升的空间，还需要有更宽阔的视野和更深入的研究。

第一，要注重马克思主义的人民立场与跨学科的研究方法相结合。党的十八届五中全会首次提出以人民为中心的发展思想以来，迅速引起了社科理论界的研究热潮，相关的会议、著作和论文层出不穷，涉及的学科也涵盖了马克思主义哲学、经济学、政治学、生态学等各个领域。以人民为中心的发展思想是一个贯穿我国经济社会发展各环节、全过程的战略思想，仅限于某个学科的研究难以全面地把握这一思想的深刻内涵。在目前的相关论著中，虽也有一些跨学科的研究，但总量上还是非常稀少，还需进一步加强交叉学科的发展，创新理论的研究方法。此外，研究以人民为中心的发展思想，还必须时刻把握研究的立场和逻辑。马克思主义哲学和政治经济学思想，是以人民为中心的发展思想的理论来源。新时代中国特色社会主义的伟大实践，是以人民为中心的发展思想的实践来源。无论哪一个学科关于这一思想的研究，缺乏了马克思主义理论逻辑，缺乏了当代中国的实践基础，那就不能准确把握习近平总书记关于以人民为中心的发展思想的理论体系、逻辑脉络及实践意义。

第二，要正确处理党的百年历史与新的实践特征的关系。习近平总书记关于以人民为中心的发展思想，既是新时代中国特色社会主义伟大实践的产物，又是中国共产党百年奋斗的智慧结晶。研究以人民为中心的发展思想，不能脱离时代特征，更不能忽略历史逻辑。2021年底，在中共中央政治局党史学习教育专题民主生活会上，习近平总书记强调："今年，党中央决定在全党全社会开展党史总结、学习、教育、宣传，强调全党要学史明理、学史增信、学史崇德、学史力行，就是为了增加历史自信、增进团结统一、增强斗争精神。"研究以人民为中心的发展思想，如果忽略了中国共产党为中国人民谋幸福、为中华民族谋复兴的百年历史，缺乏足够的历史自信，那就极易陷入历史虚无主义的错误立场，就难以把握以人民为中心的发展背后的领导力量、动力来源和价值意义。

第三，要不断拓宽研究的理论视野和研究思路。以人民为中心的发展思想体系完整、结构科学，涉及经济、政治、文化、社会、生态等各个领域，涵盖人民立场、人民主体、人民利益、人民共享、人民幸福等各项内容。一方面，相关研究必须进一步从哲学、经济学、政治学、历史学、生态学等学科深入探讨，把握以人民为中心的发展思想的理论逻辑。另一方面，还需要拓宽研究视野和研究思路，从世界历史的宏观视野鸟瞰中西方发展理念的殊同，把握中国式现代道路与资本主义现代化道路的根本区别，从"他者"的角度看待以人民为中心的发展思想对于广大发展中国家和人类文明发展的重大意义。

第四，要着重研究以人民为中心的发展思想的实践途径。当前我国已全面建成小康社会，正在奋力迈向社会主义现代化强国，如何结合新的时代特征探索出更科学、更实用、更具体的以人民为中心的发展思想的实践途径，是党和国家迫切需要解决的一项时代课题。为此，研究这一思想的实践途径，必须坚持问题导向，深入实践，深入群众，瞄着问题去，追着问题走，切实从人民群众利益出发，关注人民群众呼声，在研究和解决问题的过程中不断满足人民群众的美好生活需要，不断推进各项事业稳步向前发展。

吴家庆 ▎广西大学马克思主义学院教授、博士生导师

唐林峰 ▎广西大学马克思主义学院

习近平总书记关于
"五位一体"总体布局和"四个全面"
战略布局重要论述研究述评

党的十九届六中全会用"十个明确"对习近平新时代中国特色社会主义思想的核心内容作了进一步概括。其中,"第四个明确"强调了中国特色社会主义事业总体布局是经济建设、政治建设、文化建设、社会建设、生态文明建设五位一体,战略布局是全面建设社会主义现代化国家、全面深化改革、全面依法治国、全面从严治党四个全面。"五位一体"总体布局和"四个全面"战略布局(以下简称"两个布局")是党的十八大以来以习近平同志为核心的党中央作出的重大谋划,是习近平新时代中国特色社会主义思想的重要组成部分,是推进中国特色社会主义事业发

展、实现"两个一百年"奋斗目标和中华民族伟大复兴中国梦的行动指南。党的十八大以来,理论界围绕这一主题开展深入研究,取得了较为丰硕的研究成果。

研究重点

党的十八大以来,理论界对"习近平总书记关于'五位一体'总体布局和'四个全面'战略布局重要论述"的研究主要集中在历史演进、哲学基础、科学内涵、重要意义、相互关系、实践要求等几个方面。

1.关于"两个布局"历史演进的研究。"两个布局"的提出是一个伴随中国特色社会主义事业发展而不断丰富和完善的过程,理论界对此进行了研究梳理,为开展相关研究奠定基础。

"五位一体"总体布局是党在领导我国社会主义现代化建设的实践过程中逐步形成、发展完善的。党的十二届六中全会提出"三位一体"(经济建设、政治建设、文化建设),党的十六届六中全会将"三位一体"拓展为"四位一体"(经济建设、政治建设、文化建设和社会建设),党的十七大明确"四位一体"总体布局,党的十八大提出"五位一体"总体布局(经济建设、政治建设、文化建设、社会建设、生态文明建设)。基于此,理论界提出了"五位一体"总体布局历史演进的"三阶段论""四阶段论"等观点。"三阶段论"以党的十二届六中全会、党的十六届六中全会、党的十八大为节点进行了划分；"四阶段论"认为应将改革开放以来党一直强调的"两个文明建设"置于"三阶段"之前。

理论界对"四个全面"战略布局的提出过程进行了梳理。党的十八大提出"全面建成小康社会"，党的十八届三中全会提出"全面深化改革"，党的十八届四中全会提出"全面推进依法治国"。2014 年 12 月，习近平总书记在江苏调研时提出"协调推进全面建成小康社会、全面深化改革、全面推进依法治国、全面从严治党"。2015 年 2 月，习近平总书记在省部级主要领导干部学习贯彻十八届四中全会精神全面推进依法治国专题研讨班开班式上以"战略布局"定位"四个全面"，进一步完善了"四个全面"的理论形态。党的十九大将"全面建成小康社会、全面深化改革、全面依法治国、全面从严治党"写入党章。党的十九届五中全会对"四个全面"战略布局作出新表述，将"全面建成小康社会"调整为"全面建设社会主义现代化国家"。

2.关于"两个布局"哲学基础的研究。理论界普遍认为马克思主义哲学是"两个布局"的哲学依据，"两个布局"是中国共产党自觉运用马克思主义哲学进行理论创新和实践创新的重大理论成果。

一是强调"两个布局"充分体现了唯物论的哲学原理，具有深厚的哲学基础，体现了马克思主义实践观、群众观等。朱炳元、仇凫芳在文章中谈到，"五位一体"总体布局是唯物史观社会有机体理论在中国现阶段的具体体现，其发展脉络与实践特色蕴含着唯物史观的实践观。双传学认为，"四个全面"坚持社会基本矛盾原理，深化了对当前我国社会的主要矛盾问题的认识；坚持社会有机体原理，深化了我们对社会协调发展问题的认识；坚持人民创造历史的基本原理，深化了我们对马克思主义群众观的认识；坚持辩证的历史决定论，深化了我们对执政党自身建设规律的认识。

二是强调"两个布局"以唯物辩证法为基本遵循，充分体现了唯物辩证法的哲学原理。研究认为，"五位一体"总体布局各方面内容相互联系、相辅相成，体现了事物普遍联系的原理。周明海指出，"五位一体"总布局是一个相互联系、相互制约、相辅相成的有机整体，其中"五位"中的每一"位"都有其不同的地位和作用；同时，"五位"又互为条件，互相促进。冯留建认为，"五位一体"总体布局以马克思主义实践观为基本要求，以唯物辩证发展观为主要遵循，以马克思主义人民观为最终旨归。"四个全面"战略布局是唯物辩证法在中国特色社会主义实践中的应用，是全局性与重点性的统一、普遍性与特殊性的统一、两点论与重点论的统一。曲青山在文章中指出，"四个全面"既纵览全局，又把握重点，在动态的矛盾运动过程中相互转化，达成目标与手段的统一。杨小军认为，"四个全面"战略布局既强调要从整体来全盘统筹谋划，又强调抓战略重点，通过重点问题的解决来带动全局问题的解决，体现了唯物辩证法两点论与重点论的有机统一。同时，理论界还指出"两个布局"的形成过程充分体现了唯物辩证法的发展观，充分体现了事物发展由低级到高级、由简单到复杂的过程。

三是强调"两个布局"充分体现了系统论的哲学原理，是用系统思想、系统原理和系统方法去审视中国特色社会主义事业，具有系统思维的典型特征，是对系统哲学的创新运用。具体而言，全面建成小康社会是目标子系统，全面深化改革是动力子系统，全面依法治国是保障子系统，全面从严治党是领导子系统。这一有机联系的系统，体现了治国理政的整体性、协同性和可行性，体现了系统哲学的客观性、整体性、结构性、层次性和开放性。

3.关于"两个布局"科学内涵的研究。深入把握"两个布局"这一重大理论创新的科学内涵，对于全面推进社会主义现代化建设、实现中华民族伟大复兴具有重大理论和实践意义。理论界从不同角度对"两个布局"的科学内涵开展了深入研究。

关于"五位一体"总体布局的科学内涵研究方面。理论界从经济、政治、文化、社会、生态文明5个具体角度着眼，分别研究了"五位一体"总体布局的科学内涵，进一步明确了"五位一体"总体布局的目标要求，提出经济建设就是在社会主义条件下发展市场经济，不断解放和发展生产力；政治建设就是在中国共产党的领导下，在人民当家作主基础上，发展社会主义民主；文化建设就是以建设社会主义核心价值体系为根本任务，发展面向现代化、面向世界、面向未来的民族的科学的大众的社会主义文化；社会建设就是按照民主法治、公平正义、诚信友爱、充满活力、安定有序、人与自然和谐相处的总要求，构建社会主义和谐社会；生态文明建设就是要树立尊重自然、顺应自然、保护自然的生态文明理念，为人民创造良好的生产生活环境，努力建设美丽中国。同时，理论界还将"五位一体"总体布局视为一个整体系统，着眼于党和国家事业发展全局，从坚持和发展中国特色社会主义、建设社会主义现代化国家、党治国理政等层面就其内涵进行解读。韩振峰、孙尚斌在文章中谈到，"五位一体"总体布局是中国特色社会主义建设事业的基本方略，在理论上是对中国特色社会主义建设事业构成要素及其相互关系的认识，在实践上是对中国特色社会主义建设实践路径的顶层设计和战略规划。"五位一体"总体布局是实现社会主义现代化和中华民族伟大复兴宏伟蓝图的行动纲领。

关于"四个全面"战略布局的科学内涵研究方面。理论界从全面建成小康社会、全面深化改革、全面依法治国、全面从严治党的具体要求和发展目标着眼，对其内涵分别展开研究。其中，秦宣的观点较有代表性，在他看来，全面建成小康社会的科学内涵体现在，建设目标要涵养经济社会发展各个领域，建设成果要惠及全体人民，建设布局要全覆盖，实现人的全面发展；全面深化改革的科学内涵体现在改革目标要全方位，改革领域要全覆盖，改革要贯穿经济社会发展全过程；全面推进依法治国的科学内涵体现在依法治国目标体系要全面，依法治国工作布局要全面，推进依法治国过程要全面，法治领域改革内容要全面；全面从严治党的科学内涵体现在治党内容要全面，治党主体要全覆盖，治党过程要全面，"严"字要贯穿治党全方位全过程。同时，理论界高度认同习近平总书记关于"全面建成小康社会是我们的战略目标，全面深化改革、全面依法治国、全面从严治党是三大战略举措"的重要论述，将其作为具有内在理论和实践逻辑关系的统一体，从党和国家事业发展全局角度，深化解读"四个全面"战略布局的科学内涵，深入研究"四个全面"战略布局之间的关系，提出"四个全面"战略布局是目标子系统、动力子系统、保障子系统和领导子系统的有机统一，指出要以"全面建成小康社会"为战略目标，以"全面深化改革、全面依法治国、全面从严治党"三大战略举措为重要保障。

4.关于"两个布局"重要意义的研究。理论界深刻认识"两个布局"的重大意义，从坚持和发展马克思主义、中国特色社会主义、中华民族伟大复兴等多个维度进行了相关深入研究。

一是在坚持和发展马克思主义方面。理论界普遍认为，"两个布局"是创造性运用马克思主义社会发展理论的典范，充分展示了马克思主义理论的生命力，创造性地运用了马克思主义的世界观、方法论与价值观。刘东风在文章中指出，"五位一体"总体布局体现了马克思主义人民主体性理论；周杨在研究中强调，"五位一体"总体布局丰富了马克思主义社会有机体理论。周杨在文章中指出，"四个全面"战略布局集中体现了"四个首次"，是马克思主义中国化最新且重要的理论成果；魏礼群、王满传则认为，"四个全面"战略布局在充分认识到我国现阶段的主要矛盾与现实需求的基础上创造性地运用了马克思主义的世界观、方法论与价值观。

二是在坚持和发展中国特色社会主义方面，理论界认为"两个布局"进一步深化了对什么是社会主义、怎样建设社会主义的认识，是中国特色社会主义发展的实践指南。戴焰军指出，"五位一体"总体布局是中国共产党领导中国特色社会主义事业发展长期探索形成的经验结晶。赵中源认为，"五位一体"总体布局是引领中国特色社会主义发展的实践指南并为人类更加美好社会制度探索提供了中国方案。理论界普遍认为，"四个全面"战略布局是全面协调推进中国特色社会主义的总框架与总抓手，为中国特色社会主义理论体系添加了新的内涵。颜晓峰在文章中指出，"四个全面"战略布局开阔了实践中国特色社会主义的路径，为实现中国特色社会主义提供了保障。

三是在实现中华民族伟大复兴方面，理论界强调"两个布局"对实现中华民族伟大复兴具有重要理论与现实意义，是中华民族伟大复兴的必然路径。刘东风在文章中谈到，"五位一体"总体布局对中华民族伟大复兴事业进行了立体的战略框架的顶层设计和全面统筹，是实现中华民族伟大复兴的保障。程恩富、刘志明认为，"四个全面"战略布局并非杂乱的战术措施，而是统合了中国梦各项要求的顶层战略设计，充分落实在中国社会的现实要求与问题之中。唐志龙认为"全面建成小康社会"对实现中国梦有牵引价值、"全面深化改革"对实现中国梦有推动价值、

"全面依法治国"对实现中国梦有支撑价值、"全面从严治党"对实现中国梦有保障价值。

5.关于"两个布局"相互关系的研究。"五位一体"总体布局和"四个全面"战略布局相互促进、统筹联动、共同发力、同向而行。围绕"两个布局"之间的内在联系，理论界分别从同异角度和辩证关系角度展开研究。

"两个布局"的相同点方面。研究者认为，两者都以实现民族复兴为目标愿景，以社会主义初级阶段的基本国情为现实依据，都坚持以人民为中心的根本立场，都是马克思主义中国化的重要理论成果。何玉芳指出，"两个布局"具有共同的目标愿景、人民立场、现实依据、贯穿主线。实现中华民族伟大复兴的中国梦是"两大布局"的目标愿景；以人民为中心的内在价值旨归是"两大布局"的根本立场；社会主义初级阶段的基本国情是"两大布局"的现实依据；坚持和发展中国特色社会主义是"两大布局"的贯穿主线。

"两个布局"的不同点方面。理论界认为，两者的差异主要表现为"两个布局"在坚持和发展中国特色社会主义中具有不同的内涵、功能和生成路径。周明海在文章中指出两者的差异："两个布局"在坚持和发展中国特色社会主义历史任务中，分别属于不同领域的范畴定位，具有不同的含义和功能；"两个布局"在中国特色社会主义的生成路径具有差异性；"五位一体"总体布局目标是"一体"，重点在"一体"，而"四个全面"战略布局着眼于"全面",核心是"全面";从实现现代化的时间轴顺序及其功能看,"五位一体"总体布局指向是在现代化建设各个领域的横向规划,更侧重于"解决做什么的问题";"四个全面"战略布局是党和国家从战略高度作出的总体判断和筹划,更侧重于现代化建设任务的纵向展开,有针对性地"解决怎么做的问题"。

"两个布局"的辩证关系方面。理论界一致认为两者相辅相成、密切联系,统一于中国特色社会主义事业发展。"五位一体"总体布局和"四个全面"战略布局相互联系、环环相扣、相互贯通。"五位一体"总体布局涵盖了"四个全面"战略布局的内容,是"四个全面"战略布局的具体体现;"四个全面"战略布局是总体布局背景下的战略布局,贯穿于"五位一体"总体布局的全过程,为"五位一体"总体布局提供依托和支撑。韩庆祥强调,"四个全面"战略布局既包含了"五位一体"总体布局,又超越和提升了"五位一体"总体布局,它是"五位一体"中的根本、核心和精髓。李文阁认为,应将"四个全面"战略布局置于"总依据、总布局和总任务"的要求下进行理解,"四个全面"就是依据中国特色社会主义"五位一体"总布局提出来的,是总布局的体现和具体化。何玉芳在文章中指出,"五位一体"是"四个全面"的现实基础,"四个全面"是推进"五位一体"的战略重点。

6.关于"两个布局"实践要求的研究。统筹推进"五位一体"总体布局和协调推进"四个全面"战略布局,关键在于落实。围绕实践要求,理论界开展了相关研究。

关于"五位一体"总体布局的实践要求，研究主要集中在以下方面：一是强调要把握统筹推进"五位一体"总体布局的基本要求。朱炳元、仇良芳等在文章中阐述了推进"五位一体"总体布局建设的基本要求，即要抓住经济发展这一根本，要坚持以民主政治为保障，要发挥文化灵魂引领作用，要促成和谐社会合力功能，要以创建良好生态为基础。二是对统筹推进"五位一体"总体布局的具体路径作出阐述，提出要以"一体"为重点、以正确理论为指导、以完善制度体系为保障、全面坚持党的领导、提升党员干部执政本领等。蒋斌围绕具体路径建设提出了以下观点，即一是明确"五位"的"一体"关系，二是以科学发展观为指导推进"五位"走向"一体"，三是建构保证"五位"走向"一体"的制度体系，四是推进"五位"走向"一体"关键在党。三是强调要抓住各个方面的核心内容深化改革，处理好经济体制改革、政治体制改革、文化体制改革、社会体制改革、生态文明体制改革的核心问题。包心鉴在研究中持这一观点，并指出经济体制改革的核心问题是处理好政府和市场的关系；政治体制改革的核心问题是处理好权力和权利的关系；文化体制改革的核心问题是处理好个性和共性的关系；社会体制改革的核心问题是处理好管治和共治的关系；生态文明体制改革的核心问题是处理好人和自然的关系。

关于"四个全面"战略布局的实践要求，研究主要集中在以下方面。

一是探讨了协调推进"四个全面"战略布局的重大原则。冷溶从哲学高度提出协调推进"四个全面"战略布局的"十个必须",即必须一切从实际出发,必须对社会存在与社会意识的辩证关系进行正确的认识,必须解决现实问题,必须在全局中把握重点,必须在行动中运用唯物辩证法,必须发展生产力,必须积极解决新生的社会问题,必须重视全面性要求,必须与群众利益保持一致,必须在实践中积极地进行理论创新。魏礼群、王满传提出了协调推进"四个全面"战略布局的五个基本原则,即坚持党的领导,坚持从中国实际出发,坚持整体推进与重点突破相结合,坚持近期目标与长远目标相衔接,坚持改革与法治相协调。二是对协调推进"四个全面"战略布局的基本路径进行探讨,提出应坚持以满足人民根本利益为标准、以协调推进为总体要求、坚持科学思维方式等。孟东方、李思雨在文章中提出,协调推进"四个全面"战略布局,应坚持以下基本思路,即以人的需要为终极目标关怀、以科学理性为思维方式、以协调推进为总体实践要求、以规范有序为基本方法遵循、以满足最广大人民根本利益为发展成效评判标准。三是指出要处理好协调推进"四个全面"战略布局过程中的重大关系。李广斌提出,要把握好顶层设计与基层探索契合、整体推进与重点突破配套、法治与德治相结合、目标导向与问题导向统一的四对重大关系。此外,理论界还强调要处理好"四个全面"战略布局与"五位一体"总体布局、与中国特色社会主义发展等方面的关系。

研究特点

理论界对"习近平总书记关于'五位一体'总体布局和'四个全面'战略布局重要论述"的相关研究，内容丰富、视角多元，现有研究主要有以下几个方面的显著特点。

1. 研究内容集中于"两个布局"基础理论问题。理论界现有研究成果充分体现了研究内容丰富、研究主题广泛的特点。研究内容主要涉及了"五位一体"总体布局和"四个全面"战略布局的历史演进、科学内涵、重要意义、哲学意蕴、实践要求、相互关系等多个方面，是对"两个布局"基础理论问题的扎实研究。这些研究成果，极大促进了人们对"两个布局"的科学认识，有效拓宽了人们对"两个布局"的研究视野，有力夯实了深化"两个布局"研究的理论基础。理论界需在后续研究中继续发扬和保持这一特点与优势，不断将"两个布局"相关基础理论问题的研究引向深入，进一步筑牢"两个布局"的研究基础。

2. 研究重心聚焦"两个布局"的形成及意义。"两个布局"的形成及其意义是理论界探讨的重点问题，是深化"两个布局"研究无法绕开的基本问题之一，理论界对此给予较高重视。围绕"两个布局"的形成，理论界主要探讨了"两个布局"的形成背景、形成过程、形成依据等。其中，形成过程是研究的重点。围绕"两个布局"的意义，理论界主要从马克思主义发展、中国特色社会主义、社会主义现代化建设、中华民族伟大复兴、中国共产党治国理政等角度切入。同时，也有部分研究从其现实意义、理论意义、世界意义等维度展开。这些研究成果，科学梳理了"两个布局"的形成过程，深入揭示了"两个布局"的重大理论和现实意义，有利于人们准确把握"两个布局"理论的历史脉络，有利于进一步增强人们对于"两个布局"理论重要性的认识，也有利于增强人们学习贯彻"两个布局"理论的行动自觉。

3. 研究视角呈现多维度跨学科趋势。在"五位一体"总体布局的研究中，既有从管理学视角深入研究"五位一体"总体布局的评价指标体系，也有从哲学视角深入挖掘"五位一体"总体布局的哲学依据、哲学意蕴，还有从比较视野出发探讨"五位一体"总体布局与"四个全面"战略布局的异同及其辩证关系，还有从社会治理视角展开"五位一体"总体布局下的区域政策互动研究等。对"四个全面"战略布局的研究则主要涉及政治学、经济学、哲学等学科研究视角，如"四个全面"战略布局与中国政治发展、市场经济的演进与"四个全面"战略布局的形成、"四个全面"战略布局的系统哲学思维、哲学意蕴等；同时还涉及马克思主义理论、中国特色社会主义、中华民族伟大复兴、国家治理等不同的理论研究视角；也有相关研究从海外视角切入，重点介绍了海外学者对"四个全面"战略布局的认识与研究等。

4. 对"两个布局"的定位及其关系的研究不够。"五位一体"总体布局和"四个全面"战略布局在中国特色社会主义事业全局中究竟各具有怎样的地位？两者之间存在哪些共同点？又存在哪些差异？两者之间的关系究竟是什么？这些重大理论问题关乎中国特色社会主义事业发展全局，关乎"两个布局"是否能够顺利有效推进。厘清这些重大理论问题，对于进一步协调推进"两个布局"建设、推进中国特色社会主义事业发展具有重要指导意义。但现有研究中，只有少数学者提出这些问题，开展了相关研究。但总体来看，研究还不够深入、不够全面。总之，关于"两个布局"的定位及其关系的研究，还有很大的研究价值和研究空间。

5. 对"四个全面"战略布局新表述的关注不够。党的十九届五中全会根据党和国家事业发展需要、从适应新形势新情况出发，对"四个全面"战略布局的第一个"全面"作出新表述，提出"全面建设社会主义现代化国家"的重要论述，这意味着党和国家奋斗目标和工作重心的转移。相对于"全面建成小康社会"的原有表述，这一新发展新内涵意义重大，指明了今后一个时期坚持和发展中国特色社会主义的战略目标和战略举措，"四个全面"战略布局的整体内涵也因之发生新的变化。但不少人认为，"四个全面"战略布局仅仅是作为战略目标的第一个"全面"发生了明显变化，而作为战略举措的其他三个"全面"并没有发生变化，因而缺少对具有全新内涵的"四个全面"战略布局进行理论的新阐释。一言以蔽之，现有研究中，尚缺乏围绕这一新表述展开的具有代表性的研究成果。

研究展望

面对新的实践、新的形势，理论界应充分认识到，"习近平总书记关于'五位一体'总体布局和'四个全面'战略布局重要论述"的重要意义，应坚持不懈推进实践基础上的理论创新，进一步推动"两个布局"的学理化研究。

1. 进一步深化"两个布局"内在关系的研究。关于"两个布局"的内在关系一直是理论界关注的重点内容，现有研究也呈现不同观点，有的持"从属论"，有的持"并列论"，也有的持"未定论"，但仍未形成较为权威、统一的观点。尽管"四个全面"战略布局在时间上后于"五位一体"总体布局而形成，是"五位一体"总体布局框架下的具体战略，但并不是简单的前者从属于后者的关系。尽管"两个布局"常以"统筹推进'五位一体'总体布局，协调推进'四个全面'战略布局"的并列语式同时出现，但这也并不意味着其关系就是简单的并列关系。而"未定论"则更加说明"两个布局"的内在关系尚未明确界定、还需深入开展研究。新的历史条件下，理论界要结合新的历史条件，进一步深化"两个布局"的同异及其关系研究，进一步明确两者在推进新时代中国特色社会主义事业发展中的功能定位、相互联系，从而更好地推进中国特色社会主义事业发展。

2. 进一步深化"两个布局"贯彻落实的相关研究。"两个布局"不仅是重大理论问题，更是重大实践问题。"两个布局"的贯彻落实问题应是开展"两个布局"研究的最终归宿和重中之重，否则"两个布局"的研究就是不完整的，是无法充分发挥其现实价值的。加强和深化"两个布局"贯彻落实的相关研究，从理论上系统阐述贯彻落实"两个布局"的实践要求，能够为人们特别是各级领导干部全面贯彻落实"两个布局"提供理论指导和实践遵循。新的历史条件下，理论界在继续加强"两个布局"相关基础理论研究的同时，也要结合新的历史条件，不断深化对贯彻落实"两个布局"的研究。要用科学的理论、方法，不断加大对贯彻落实"两个布局"的目标和任务、难点和问题、对策和方法等问题的研究力度。

3. 进一步深化"两个布局"相关话语体系建构的研究。当前，理论界多从国内视角展开研究，关于"两个布局"的国际化视野比较研究较为缺乏和滞后，这在一定程度上制约了"两个布局"的国际影响力。"两个布局"充分体现了新时代中国共产党的执政方略和执政理念，"两个布局"理论若阐释得好、宣传得好，不但对于增强"四个自信"具有重要意义，而且有利于进一步增进国际社会对中国共产党治国理政实践及其成就的了解。因此，新的历史条件下，理论界要着力构建"两个布局"相关理论体系，着力打造"两个布局"的话语体系，加强对"两个布局"理论的对外宣介，不断提升"两个布局"的国内认同度与国际影响力，使国内外能够通过"两个布局"理论更加深入、更为理性地认识中国共产党、认识中国的发展。

4. 进一步深化"四个全面"战略布局新论述的内涵与影响研究。党的十九届五中全会根据我国即将全面建成小康社会、实现第一个百年奋斗目标的实际情况,与时俱进地对"四个全面"战略布局作出新表述,将"全面建成小康社会"调整为"全面建设社会主义现代化国家",由此形成了具有新的时代内涵的"四个全面"战略布局。"四个全面"战略布局的新论述是党的理论创新的重要内容和重要成果,充分体现了马克思主义执政党与时俱进的理论品格和创新精神,蕴含着丰富、严密的理论逻辑、实践逻辑和历史逻辑,对于推进新时代新征程党和国家事业发展具有全局性指导意义。新的历史条件下,如何从学理层面对其展开进一步研究,以解释好"四个全面"战略布局内涵的发展变化、内在逻辑的发展变化以及其深远影响等理论问题很有必要。

5. 进一步深化"两个布局"理论的发展创新研究。"两个布局"理论是改革开放以来我国在开创、捍卫、坚持和发展中国特色社会主义的伟大实践中逐步形成的,中国特色社会主义的伟大实践是"两个布局"理论的根本来源。"两个布局"不是一成不变、故步自封的理论,而是不断完善、开放发展的理论系统,它将随着中国特色社会主义实践的发展而发展,也将随着中国特色社会主义实践发展的不断深入而进一步完善。随着中国特色社会主义实践的不断发展,"两个布局"的内涵将会发生怎样的演进发展和丰富拓展？其演进发展和丰富拓展将会对中国特色社会主义事业发展全局产生哪些影响？"两个布局"每个要素间的内在逻辑关系又将发生怎样的变化？诸如此类涉及理论发展创新的研究主题需要理论界作出前瞻性研究。

洪晓楠 | 大连理工大学马克思主义学院原院长、教授

方玉梅 | 大连理工大学马克思主义学院教授

岳建飞 | 大连理工大学马克思主义学院

习近平总书记关于全面深化改革总目标
重要论述研究述评

　　党的十九届六中全会审议通过的《中共中央关于党的百年奋斗重大成就和历史经验的决议》用"十个明确"对习近平新时代中国特色社会主义思想的核心内容作了进一步概括。其中，"第五个明确"强调全面深化改革总目标是完善和发展中国特色社会主义制度、推进国家治理体系和治理能力现代化。自党的十八届三中全会首次提出全面深化改革总目标以来，习近平总书记对这一总目标的内容进行了系统阐释，提出了一系列新论断、新要求，成为习近平新时代中国特色社会主义思想的重要组成部分。理论界围绕习近平总书记关于全面深化改革总目标重要论述

进行了广泛深入研究，取得了丰硕成果。

研究脉络

围绕全面深化改革总目标，理论界从不同维度、不同层面进行探讨：

党的十八届三中全会审议通过《中共中央关于全面深化改革若干重大问题的决定》，提出全面深化改革的总目标是完善和发展中国特色社会主义制度，推进国家治理体系和治理能力现代化；党的十九届四中全会审议通过《中共中央关于坚持和完善中国特色社会主义制度、推进国家治理体系和治理能力现代化若干重大问题的决定》，提出我国国家制度和国家治理体系具有 13 个方面显著优势，以及坚持和完善中国特色社会主义制度、推进国家治理体系和治理能力现代化的总体目标。理论界重点围绕这两次全会精神，掀起对中国特色社会主义制度、国家治理体系和治理能力现代化的学习和研究高潮，或从整体、或分领域分专题对其进行解读、阐发和研究，研究的广度和深度都在不断拓展，成果主要涉及完善和发展中国特色社会主义制度的重要性和必要性、完善和发展中国特色社会主义制度的基本路径、国家治理体系和治理能力现代化的内涵与特征、国家治理体系和治理能力现代化二者之间的内在逻辑关系、推进国家治理体系和治理能力现代化的实现路径、完善和发展中国特色社会主义制度与推进国家治理体系和治理能力现代化之间的关系等方面。

就党的十八届三中全会和十九届四中全会精神而言，虽然党的十八届三中全会也涉及制度建设，但总体上更加侧重围绕全面深化改革；而党的十九届四中全会虽然也包含全面深化改革，但更加侧重制度体系建设，国家治理体系和治理能力现代化进入"解题"阶段。理论界的研究以党的十八届三中全会为起点，以党的十九届四中全会为时间界标，研究主题也相应地呈现出鲜明的路径转化特点。从党的十八届三中全会召开到党的十九届四中全会召开前，理论界的研究主要集中于如何进一步认识全面深化改革、推进全面深化改革的必要性和重要性、全面深化改革的方法论，以及如何以经济体制改革为牵引推进全面深化改革等方面。在这一阶段，对于全面深化改革总目标的研究主要集中于总目标内容的阐释及其内在关系的解读。党的十九届四中全会以来，理论界的研究重点逐渐向完善和发展中国特色社会主义制度的重要性和必要性、如何完善和发展中国特色社会主义制度、如何推进国家治理体系和治理能力现代化等方面转变。在这一阶段，理论界的研究较多集中在实现国家治理体系和治理能力现代化的具体路径上，如完善中国特色社会主义制度体系、坚定制度自信、增强制度执行力、制度优势转化为治理效能等方面。

研究重点

理论界对习近平总书记关于全面深化改革总目标重要论述的研究，

主要从"完善和发展中国特色社会主义制度""推进国家治理体系和治理能力现代化""全面深化改革总目标的内在关系""全面深化改革与完善和发展中国特色社会主义制度、推进国家治理体系和治理能力现代化之间的关系"4个方面展开。

1.关于完善和发展中国特色社会主义制度的研究。理论界对习近平总书记关于完善和发展中国特色社会主义制度的重要论述研究主要集中于重要性和必要性以及基本路径方面。

完善和发展中国特色社会主义制度的重要性和必要性。在重要性方面，理论界认为，完善和发展中国特色社会主义制度，有利于保持我们党和国家的活力，充分调动广大人民群众和社会各方面的积极性、主动性、创造性；有利于进一步解放和发展社会生产力，推动经济社会全面发展；有利于维护和促进社会公平正义，实现全体人民共同富裕；有利于我们党和政府集中力量办大事，有效应对前进道路上的各种风险挑战。在必要性方面，理论界认为，制度建设必须随着人类社会的发展而不断完善。面对当前国际国内形势中的不稳定性、不确定性因素，面对未来可能会遇到的"惊涛骇浪"，需要在制度上作进一步的改革和创新，以应对未来"这样那样的风险挑战"。总之，完善和发展中国特色社会主义制度，是新时代的要求，是建设现代化强国的基础，只有不断完善和发展中国特色社会主义制度，才能实现现代化，才能在新时代创造中华民族新的更大奇迹，创造让世界刮目相看的新的更大奇迹。

完善和发展中国特色社会主义制度的基本路径。理论界对基本路径的研究主要集中在以下三个方面：一是加强制度顶层设计，全面、系统推进制度建设。推进制度体系建设，要树立全局观念、战略思维，加强总体性的制度设计，既要考虑到横向覆盖的广度，统筹推进各领域制度的相互衔接和配套，又要考虑纵向跨度，将制度建设放在国家发展全局和中华民族永续发展的宏图中谋划，统筹考虑历史、现实和未来，加强前瞻性思考、全局性谋划、战略性布局、整体性推进，立足长远，放眼未来。加强制度体系建设，要坚持经济、政治、文化、社会和生态文明制度建设协调发展，从中国特色社会主义事业全局出发，坚持根本政治制度、基本政治经济制度和各项具体制度建设同步推进，同时重视和加强中国特色社会主义法治体系建设。二是立足中国实际，借鉴中华优秀传统文化与国外有益发展经验。完善和发展中国特色社会主义制度，要立足于我国社会主义初级阶段的基本国情，充分认识中国特色社会主义制度的独特优势，坚定制度自信；要解放思想，敢于冲破传统观念束缚，在实践创新基础上大胆进行制度创新；要从中华优秀传统文化中汲取滋养，从中国悠久的治国理政经验中汲取营养，古为今用；要吸收借鉴国外制度建设的有益做法和积累的主要经验，洋为中用，使中国特色社会主义制度更加成熟、更加定型。三是坚持中国共产党的领导，深化党的建设制度改革。中国共产党是中国特色社会主义制度的主要设计者和创新主体，坚持党对制度建设的总体谋划和顶层设计，增加制度创新的科学性，避免在重大关系和关键环节出现问题，保证制度建设沿着社会主义方向发展。深化党的建设制度改革，既要注重制度建设，健全科学规范的党内制度体系，又要加强思想组织作风建设，严肃党内政治生活，强化党内监督，使我们党始终成为中国特色社会主义伟大事业的坚强领导核心。

2.关于推进国家治理体系和治理能力现代化的研究。习近平总书记多次对国家治理体系和治理能力现代化的基本内涵与内在逻辑进行科学阐释，并对推进国家治理体系和治理能力现代化作出重大部署，理论界对此展开了深入研究。

国家治理体系和治理能力现代化的内涵。理论界从国家治理体系和治理能力、国家治理体系和治理能力现代化以及国家治理现代化三个层次对国家治理体系和治理能力现代化的内涵进行了深入解读。

在对国家治理体系和治理能力内涵的解读中，有学者认为，国家治理体系本质上是以利益关系结构为基础的政治权力主体与公民权利主体体系，现实地体现为以国家治理制度体系为主体，以国家治理的行动和价值体系为匹配的系统；国家治理能力是政治权力和公民权利主体运用国家制度体系，进行国家治理和参与治理的能力。也有学者认为，国家治理体系是在中国共产党全面领导下管理国家的制度体系，内在包含着政治、经济、文化、社会、生态、教育、科技、军事、外事等各领域的体制机制、法律法规，是在国家根本制度之下系统科学而紧密相连、环环紧扣，并服务于根本制度、基本制度的国家管理制度。国家治理能力是国家统筹各个领域治理主体、处理各种主体关系，实现经济社会发展进步的水平与质量。

在对国家治理体系和治理能力现代化内涵的阐释中，有学者认为，国家治理体系现代化就是通过系列的制度安排和宏观顶层设计，使国家的治理体系日趋系统完备、不断科学规范、愈加运行有效的过程；国家治理能力现代化就是将制度优势转化为治理效能的现代性能力不断获取并逐渐强化的过程。也有学者认为，国家治理体系现代化，是指国家治理主体运用一定的权威对公共范围内的公众及其活动予以引导、控制和规范的一种平衡个人利益、增进公共利益的现代化过程。

在对国家治理现代化内涵的理解中，有学者提出，国家治理现代化就是在党的领导下，通过顶层设计、统筹安排、协调推进，使国家制度体系和体制机制系统完备、科学规范、运行有效，使运用和执行国家制度的各项能力契合时代要求，以实现对国家各项事务的科学、有效治理。也有学者提出，国家治理体系和治理能力的现代化，就是使国家治理体系制度化、科学化、规范化、程序化，使国家治理跟上时代步伐，创新治理方式，回应国民的现实需求，实现最佳的治理效果，为国家事业发展、为人民幸福安康、为社会和谐稳定、为国家长治久安提供一整套更完备、更稳定、更管用的制度体系，把中国特色社会主义各方面的制度优势转化为治理国家的效能。

国家治理体系和治理能力现代化的主要特征。理论界认为，中国的国家治理既不同于传统社会主义，又区别于西方国家，具有自己的显著特征：一是治理主体多元。中国的治理是在中国共产党领导下进行的，是以党组织为主导的多元治理结构，治理主体既包括政府，也包括社会组织、企业组织以及居民自治组织。中国的治理体系更加具有张力和弹性，能够主动吸纳社会新生力量，推动治理多元化，扩大国家治理的社会基础。二是治理方式多样。中国的治理方式既包括集中领导的方式，也包括协商沟通的方式；既包括政治的方式，也包括经济、文化的方式等，而且中国的国家治理较西方国家更加重视协商民主。三是治理过程多维。中国的国家治理过程是横向联动、纵向互动的过程，是各个层面治理的相互制约、相互促进，既包括横向上的经济、政治、文化、社会、生态治理，又包括纵向上从中央到地方的不同层级的治理，也包括社会生活中基层组织、社会团体的治理，呈现出垂直的与平行的权力系统条块结合的治理格局，体现着中央与地方、上级与下级的关系，也体现着党委与政府、党委与人大、政府与人大以及部门与部门之间的关系。四是治理方式规范。现代国家治理要求制度与规范，强调程序与秩序，以法治为基本方式的规范之治是国家治理现代化的必由之路。也有学者认为，在中国的国家治理中，法治与德治同时起着重要作用。五是治理传统深厚。当代中国治理体系是在几千年历史传承、文化传统、经济社会发展的基础上演化发展而来的，中国式治理传承和改造了中华民族优良政治文化传统，具有自己的特色与优势，国家治理现代化在于吸取古代、近代国家治理精华，摒弃古代和近代国家治理糟粕，实现向现代国家治理的飞跃。

国家治理体系和治理能力现代化的内在逻辑关系。理论界认为，国家治理体系和治理能力既有区别，又有联系，是一个相辅相成、相互促进的整体。在区别方面，有学者认为，治理体系是指社会制度的内在结构，治理能力是指社会制度的外在功能。也有学者认为，治理体系主要指体制机制，治理能力主要指办法措施。在联系方面，治理体系是治理能力形成的基础，治理能力是治理体系有效发挥的保障。国家治理体系与治理能力两者共同作用于国家治理活动，服务于国家治理目标；治理体系是治理能力的依据和基础，而治理能力是治理体系得以落实、保障的条件。国家治理体系从根本上决定了国家治理能力，规定了治理能力的内容、要素、结构和治理能力所能达到的水平；国家治理能力又反过来影响国家治理体系的效能。有了科学的国家治理体系才能孕育高水平的治理能力，不断提高国家治理能力才能充分发挥国家治理体系的效能。

推进国家治理体系和治理能力现代化的实现路径。理论界对实现路径的研究主要集中在以下六个方面：一是加强党的领导。坚持加强党的集中统一领导是实现国家治理体系和治理能力现代化的根本保证。只有坚持党的集中统一领导，坚决维护党中央权威，把党的领导落实到国家治理各领域各方面各环节，才能保证我国国家制度和国家治理体系的高效运行。在新的历史起点上推进国家治理体系和治理能力现代化，必须牢牢把握坚持党的全面领导这一关键和根本，把党的领导制度体系建设与深化党和国家机构改革工作有机结合起来，使两者相互衔接、相互促进、相得益彰，进一步提高党的执政能力和领导水平，增强党在国家治理中的政治领导力、思想引领力、群众组织力、社会号召力。二是坚持全面依法治国。法治是国家治理体系和治理能力的重要依托。推进国家治理体系和治理能力现代化，一项重要的基础工作就是推动法治中国建设，适应变革时代的法治发展的客观要求，把国家治理体系和治理能力现代化构筑在坚实的法治基础之上。在法治轨道上推进国家治理现代化，要把法治理念、法治思维、法治方式、法律制度贯通于国家治理的各领域、各方面、各环节，以法律体系为依据、以法治体系为保障、以法治化为目标，是实现国家治理现代化的必由之路。三是推进全面深化改革。通过全面深化改革推进国家治理体系和治理能力现代化，要勇于革除相关体制机制的弊端，敢于冲破思想观念的束缚和利益固化的藩篱，顺应时代诉求，更新发展理念，保持战略定力，注重改革的系统性整体性协同性，注重体制机制的完善和创新，总结和推广地方有效经验，特别要处理好胆子要大和步子要稳的关系，既要胆子大一点，敢于逆水行舟；又要步子稳一点，善于稳扎稳打、循序渐进。四是加强制度建设。国家治理体系现代化的实质就是中国特色社会主义制度的现代化。国家治理体系是制度体系的集中体现，增强中国特色社会主义制度建设协同化有助于保障国家治理体系有统有分、主次有序、衔接有效、配合得当，有助于为提升国家治理能力创造有利环境。五是增强制度执行能力。国家治理能力现代化表现为强有力的制度执行力。提高国家制度的贯彻执行能力，要落实保障措施，健全抓落实的工作机制，加大督查力度，强化责任追究，自觉接受社会舆论和人民群众的监督，领导干部要以身作则、自觉担当，发挥头雁效应。六是吸收不同制度文明成果。推进国家治理现代化，需要积极借鉴古今中外治国理政的经验教训，坚持独立自主和吸收借鉴相统一，立足时代前沿，植根中国大地，聚焦中国实践，推进制度创新；加强文明交流互鉴，兼收并蓄，学习借鉴各民族创造的制度文明优秀成果，并对这些制度文明成果进行创造性转化，以使国家治理体系更加完善、治理能力更加精进。

3. 关于完善和发展中国特色社会主义制度与推进国家治理体系和治理能力现代化的关系研究。中国特色社会主义制度规定了全面深化改革的社会主义根本方向，推进国家治理体系和治理能力现代化是在根本方向指引下完善和发展中国特色社会主义制度的鲜明目标指向。理论界对习近平总书记关于全面深化改革总目标内在关系的重要论述研究，主要集中于二者的辩证统一关系、制度自信与国家治理现代化的良性互动、制度优势转化为国家治理效能的实现路径。

中国特色社会主义制度与国家治理体系和治理能力现代化的辩证统一关系。理论界认为，中国特色社会主义制度与国家治理体系和治理能力现代化既有区别，又有联系，二者是相互促进、相辅相成的辩证统一关系。在区别方面，有学者从内涵维度和历史维度对其进行区分。从内涵维度看，中国特色社会主义制度的关键点是制度，即已经成型的、明文规定的规则，而国家治理现代化的着眼点是治理，即统筹安排、运用执行制度解决各项事务的实践过程；前者是指各项制度、法律法规本身，后者则是指对它的运用和执行。从历史维度看，中国特色社会主义制度形成在前，推进国家治理现代化在后。中国特色社会主义制度形成与中国生产方式、生活方式、文化传统密切相关，所以它更侧重于价值理念、科学规范；而国家治理现代化更多是在实践中直面现实矛盾和问题，所以它更侧重于现实考量、实践效应。也有学者从功能与形态方面对其进行区分。国家制度体系是围绕着组织国家、建构制度、协调人与自然、人与国家、人与社会以及人与人的基本关系展开的，体现为国家制度体系的内在协调与统一；而国家治理体系则是围绕着运行权力、建构秩序和创造治理展开的，体现为各治理主体合作与共治。在二者的相互作用关系方面，理论界认为，完善和发展中国特色社会主义制度决定着推进国家治理体系和治理能力现代化的性质和发展方向，推进国家治理体系和治理能力现代化是完善和发展中国特色社会主义制度的有力保障。有学者认为，完善和发展中国特色社会主义制度与推进国家治理体系和治理能力现代化两者构成工具与目标的内在因果关系。首先，完善和发展中国特色社会主义制度是推进国家治理体系和治理能力现代化的前提，规定着全面深化改革和推进国家治理体系和能力现代化的性质和方向；其次，推进国家治理体系和治理能力现代化的目的和归宿，是完善和发展中国特色社会主义制度；最后，推进国家治理体系和治理能力现代化既是全面深化改革达成的目标内容，也是完善和发展中国特色社会主义制度的题中应有之义。

制度自信与国家治理现代化的良性互动。理论界认为，推进国家治理现代化，更好地把中国特色社会主义制度优势转化为国家治理效能，需要坚定制度自信。一是制度自信为推进国家治理现代化创造条件。制度自信能为国家治理现代化营造氛围、凝聚共识、提供动力和智慧。制度自信意味着对中国特色社会主义制度高度认可，它能够引领社会成员就中国特色社会主义制度形成共同认知，引导社会成员就"改什么、怎么改"达成广泛共识；制度自信还表现为对中国特色社会主义制度的未来发展和完善充满信心，这种信心激励人们不断推进国家治理体系和治理能力现代化；制度自信还表现为制度自觉，保证人们自觉维护中国特色社会主义制度的权威，自觉履行中国特色社会主义制度规定的责任和义务，从而构成推进国家治理现代化的强大精神力量。二是推进国家治理现代化能够强化人民群众的制度认同和制度自信。推进国家治理现代化是增强制度自信的现实途径。中国特色社会主义制度自信的坚定程度取决于制度优势转化为国家治理效能的实现程度。只有提高我们党和政府运用中国特色社会主义制度有效治理国家的能力，才能充分发挥中国特色社会主义制度的优越性，进一步增强制度自信。

制度优势转化为国家治理效能的实现路径。理论界主要从三个方面论述了实现路径：一是坚持和完善党的领导。党的领导是把制度优势更好转化为国家治理效能的根本保证，党的集中统一领导为提高治理效能提供了强大的政治领导和组织领导。只有坚持党的领导，才能总揽全局、协调各方，才能把制度要求落实到各领域各环节。提升党的领导力，主要在于坚定维护党中央权威和集中统一领导，健全党的全面领导制度，健全为人民执政、靠人民执政各项制度，健全提高党的执政能力和领导水平制度，完善全面从严治党制度等。把党的领导贯彻到党和国家所有机构履行职责全过程，确保党始终走在时代前列、得到人民衷心拥护、保持同人民群众的血肉联系，不断增强党的创造力、凝聚力、战斗力。二是坚定制度自信。制度自信是制度优势转化为国家治理效能的助推器。要教育引导广大干部群众充分认识中国特色社会主义制度的优越性，中国特色社会主义制度和国家治理体系是经过长期实践检验的，来之不易，必须倍加珍惜，对制度保持敬畏和信仰之心，把对制度的信仰和尊崇化作严格执行制度、坚决维护制度的自觉行动。三是增强制度执行力。制度优势转化为国家治理效能，需要自觉尊崇制度，提升制度执行力，强化制度执行监督，使制度落到实处。在整个社会营造一种尊重制度、服从制度和维护制度的文化氛围，使制度真正运转起来。构建全覆盖的制度执行监督机制，把制度执行和监督贯穿于国家治理的全过程，确保制度时时生威、处处有效。各级党委和政府以及各级领导干部要切实强化制度意识，带头维护制度权威，做制度执行的表率，带动全党全社会自觉尊崇制度、严格执行制度、坚决维护制度。

4.关于全面深化改革与完善和发展中国特色社会主义制度、推进国家治理体系和治理能力现代化之间的关系研究。理论界认为，完善和发展中国特色社会主义制度与推进国家治理体系和治理能力现代化是全面深化改革的总目标，并且只有通过全面深化改革才能实现；中国特色社会主义制度的完善、国家治理体系和治理能力现代化程度的提升又反作用于全面深化改革，确保全面深化改革在稳定、有序中进行。

全面深化改革是完善和发展中国特色社会主义制度、推进国家治理体系和治理能力现代化的动力。全面深化改革为完善和发展中国特色社会主义制度提供动力支撑，推动中国特色社会主义制度更加成熟、更加定型，进而为实现国家治理体系和治理能力现代化提供制度基础与制度保障，推动中国特色社会主义制度优势更好转化为国家治理效能。

完善和发展中国特色社会主义制度规定了全面深化改革的根本方向。社会主义方向是全面深化改革的正确方向，这是全面深化改革要始终牢牢把握住的基准线和方向标。全面深化改革必须坚定不移沿着中国特色社会主义方向前进，坚持社会主义基本原则不动摇，坚守社会主义基本制度底线不含糊，既不能走"封闭僵化的老路"，也不能走"改旗易帜的邪路"。

推进国家治理体系和治理能力现代化明确了全面深化改革的任务和最终目的。全面深化改革更加注重改革的整体性、系统性、协调性，通过全面深化经济体制、政治体制、文化体制、社会体制、生态文明体制和党的建设制度改革，破除一切妨碍经济社会发展进步的体制机制性障碍，保障国家治理的制度化、规范化、程序化，不断改进国家治理的方式方法，提高国家治理能力，推动国家治理体系和治理能力"形成总体效应、取得总体效果"。

研究展望

完善和发展中国特色社会主义制度、推进国家治理体系和治理能力现代化，作为全面深化改革的总目标，是关系党和国家事业兴旺发达、国家长治久安、人民幸福安康的重大理论和实践问题。根据现有研究成果，今后理论界应加强以下 4 个方面的研究。

1.进一步加强对全面深化改革总目标的长线研究，尤其要立足于马克思主义相关理论基础进行深入研究。理论界关于全面深化改革总目标的研究呈现出重文件精神解读轻长线深入研究的特点，研究成果高度集中于党的十八届三中全会和十九届四中全会召开后一两年。截至 2022 年上半年，247 篇相关中文社会科学引文索引（CSSCI）期刊论文中，2014 年 36 篇，2019 年 50 篇，2020 年 113 篇，3 年的研究成果占比 80% 以上，这既与学术期刊年度刊发的论文选题侧重点有关，也与学界热衷热点问题阐释相关。理论界今后应立足马克思主义相关理论基础，结合新时代全面深化改革的重大理论与现实问题深入开展相关研究，既要对尚未解决的理论问题作出回答，也要针对实践中面临的新情况、新问题、新挑战给予深刻剖析，并提出解决方案，助力新时代中国特色社会主义事业发展。

2.进一步拓展国家治理各分领域的专门性研究，实现国家治理体系和治理能力研究的多学科协同作战。实现国家治理体系和治理能力现代化需要以制度的现代化作为保障。当前理论界对于制度建设的研究，集中在阐释推进制度建设的重要性和必要性、中国共产党推进国家制度建设的历程及历史经验等方面，而制度问题具有系统性、全局性，如何推进各层级制度的协同、各领域制度的协同，如何使各领域制度建设协同作用、环环相扣，以确保制度体系整体效能的有效发挥，理论界关于这方面研究还相对匮乏。跨学科交叉融通对制度进行专门性研究和总体性研究，将是今后努力的研究方向。

3.进一步增强中国特色社会主义制度优势向治理效能转化的路径研究，特别是在深化党和国家机构改革中实现制度优势与治理效能相统一。党的十九届三中全会指出，面对新时代新任务提出的新要求，党和国家机构设置和职能配置同统筹推进"五位一体"总体布局、协调推进"四个全面"战略布局的要求还不完全适应，同实现国家治理体系和治理能力现代化的要求还不完全适应，因此提出深化对党和国家机构改革的战略部署。党和国家机构改革是提高国家治理效能的重要支撑，党和国家机构设置不合理、机构关系不理顺、机构职能不清晰、机构运行不科学，就会阻碍中国特色社会主义制度优势的发挥，从而降低国家治理效能。立足新发展阶段，如何在深化党和国家机构改革中实现制度优势与治理效能相统一，是理论界亟须重点关注并深入研究的课题。

4.进一步深化国家治理与全球治理相协调研究，为解决全球治理困境提供中国方案。当今世界正经历百年未有之大变局，新冠疫情大流行使这个大变局加速演进。在中国共产党坚持以人民为中心的发展思想的指导下，中国取得了抗疫斗争的伟大胜利，充分展现了中国特色社会主义制度集中力量办大事的显著优势。当前理论界对疫情防控和国家治理的研究主要集中在中国抗疫成果的经验总结和启示以及中西方制度对比上，而对于大变局下全球治理面临的困境与难题、中国国家治理和全球治理相协调方面的研究还需进一步加强。

［本文系国家社科基金一般项目"新时代坚持加强党对经济工作的集中统一领导研究"（21BKS052）阶段性成果。］

翟国强 ▎ 中国社会科学院法学研究所习近平法治思想研究中心研究员

刘灿华 ▎ 中国社会科学院法学研究所助理研究员、中国社会科学院文化法制
研究中心研究员

习近平总书记关于全面推进依法治国
总目标重要论述研究述评

党的十九届六中全会审议通过的《中共中央关于党的百年奋斗重大成就和历史经验的决议》，以"十个明确"系统概括习近平新时代中国特色社会主义思想的核心内容，其中之一就是"明确全面推进依法治国总目标是建设中国特色社会主义法治体系、建设社会主义法治国家"。党的十八大以来，习近平总书记围绕全面推进依法治国总目标作出一系列重要论述，为全面依法治国标定航向、规划蓝图，开辟了马克思主义法治理论中国化新境界，标示着我们党对法治建设规律认识达到历史新高度。理论界围绕习近平总书记关于全面推进依法治国总目标重要论述展开了

全方位、多层次、多维度研究，推动了中国特色社会主义法治理论的研究阐释和宣传普及，中国特色社会主义法学体系建设取得重大成果。

研究脉络

习近平总书记在不同时期关于全面推进依法治国总目标的重要论述，为理论界开展研究提供了科学指导和根本遵循。

党的十八届四中全会明确提出全面推进依法治国的总目标是建设中国特色社会主义法治体系、建设社会主义法治国家，吹响了全面推进依法治国的号角。习近平总书记指出："提出这个总目标，既明确了全面推进依法治国的性质和方向，又突出了全面推进依法治国的工作重点和总抓手。"理论界围绕全面推进依法治国总目标展开深入研究阐释，形成了《准确把握全面推进依法治国总目标》《从总目标看"法治中国"的鲜明特色》《建设中国特色社会主义法治体系》《怎样建设中国特色社会主义法治体系》等一批高质量理论文章，为研究习近平总书记关于全面推进依法治国总目标重要论述奠定了良好基础。这一时期，理论界从指导思想、理论基础、科学内涵和基本构成等维度展开了全方位研究。一是围绕"中国特色社会主义法治体系"开展宏观层面的理论研究，如李龙的《中国特色社会主义法治体系的理论基础、指导思想和基本构成》等理论文章以及黄进、蒋立山主编的《中国特色社会主义法治体系》等学术著作对中国特色社会主义法治体系进行了比较系统的研究。二是围绕法律规范体系、法治实施体系、法治监督体系、法治保障体系、党内法规体系五个体系开展中观层面的理论研究，如信春鹰的《中国特色社会主义法律体系及其重大意义》等。特别是党内法规体系被纳入中国特色社会主义法治体系之后，极大地提高了理论界对党内法规的研究热情。付子堂的《法治体系内的党内法规探析》、施新州的《中国共产党党内法规体系的内涵、特征与功能论析》、秦前红和苏绍龙的《党内法规与国家法律衔接和协调的基准与路径——兼论备案审查衔接联动机制》等理论文章对党内法规体系的话语源流、制度定位、体系架构等法理问题进行了论述。三是围绕具体问题开展微观层面的理论研究，如李林的《推进科学立法，完善分配正义的法律体系》对如何实现科学立法进行了探讨，莫纪宏的《党内法规体系建设重在实效》就加强党内法规实效性机制建设进行了详细论证。

党的十九大报告用"八个明确"和"十四个坚持"全面阐述了习近平新时代中国特色社会主义思想的科学内涵和实践要求，其中"明确全面推进依法治国总目标是建设中国特色社会主义法治体系、建设社会主义法治国家"和"坚持全面依法治国"，将全面推进依法治国总目标的定位提到新高度，为研究习近平总书记关于全面推进依法治国总目标重要论述提供了新课题、新视角，理论界形成了《新时代中国特色社会主义法治理论的创新与发展》《新时代中国法治现代化的战略安排》等一批新的高质量研究成果。同时，理论界对习近平总书记关于全面推进依法治国总目标重要论述的研究逐渐深入具体，在法律规范体系、法治监督体系、党内法规体系等领域形成一系列研究成果。其中，沈国明的《论规制公权力与强化法治监督体系建设》、韩大元的《关于推进合宪性审查工作的几点思考》等理论文章对织密法治监督体系进行了深入探讨；宋功德的《坚持依规治党》等理论文章对构建党内法规体系进行了深入阐释。

党的十九届四中全会审议通过的《中共中央关于坚持和完善中国特色社会主义制度、推进国家治理体系和治理能力现代化若干重大问题的决定》，将"坚持全面依法治国，建设社会主义法治国家，切实保障社会公平正义和人民权利的显著优势"作为我国国家制度和国家治理体系的显著优势之一，把国家治理体系和治理能力现代化与全面推进依法治国总目标有机结合起来，为理论研究提供了又一全新视野，涌现出如卓泽渊的《国家治理现代化的法治解读》、周佑勇的《推进国家治理现代化的法治逻辑》等一大批有分量、有深度的理论成果。2020年11月召开的中央全面依法治国工作会议，确立了习近平法治思想在全面依法治国中的指导地位。在学习宣传和研究阐释习近平法治思想的热潮下，理论界推出了《习近平法治思想的理论体系》《习近平法治思想对马克思主义法治理论的原理性创新》等一系列研究成果，编写了马克思主义理论研究和建设工程重点教材《习近平法治思想概论》、学习贯彻习近平法治思想权威辅助读物《习近平法治思想学习纲要》，深化了对"法典化"、中国特色社会主义法治体系及其分领域等重点问题的研究，推动了习近平总书记关于全面推进依法治国总目标重要论述的理论研究向纵深发展。

习近平总书记在庆祝中国共产党成立 100 周年大会上的重要讲话回顾了中国共产党百年奋斗的光辉历程，党的十九届六中全会通过的《中共中央关于党的百年奋斗重大成就和历史经验的决议》总结了全面依法治国的历史性成就，为理论界研究"习近平总书记关于全面推进依法治国总目标重要论述"带来了新启示。何勤华和王静的《法治：中国共产党人百年奋斗的抉择与使命》、公丕祥的《中国式法治现代化新道路的演进历程》等一大批具有百年宏大视角的理论文章促进了经验研究与总目标研究的有机融合。

研究重点

党的十八大以来，理论界对习近平总书记关于全面推进依法治国总目标重要论述的研究，主要集中在以下几个方面。

1. 关于全面推进依法治国总目标的研究。理论界认为，在谋划全面依法治国战略决策的重要时刻，习近平总书记科学论述、系统论证全面推进依法治国总目标，具有重大历史意义。一是完善了全面依法治国的顶层设计。有研究指出，党的十八大以来，以习近平同志为核心的党中央从坚持和发展中国特色社会主义的战略高度定位法治、布局法治、厉行法治，明确全面推进依法治国总目标，为全国各族人民在党的坚强领导下建设法治中国指明了前进方向，对于全面推进依法治国具有举旗定向、纲举目张的重大意义。二是明确了法治建设的社会主义性质和方向，明确了必须走中国特色社会主义法治道路。徐显明在《坚定不移走中国特色社会主义法治道路》中指出，中国特色社会主义法治道路是中国共产党领导中国人民总结法治建设经验和教训开辟出来的成功道路，是适合中国国情，有灵魂、有方向的道路，是通向国家治理体系和治理能力现代化唯一正确的道路。中国特色社会主义法治道路的核心要义有三项：坚持中国共产党的领导，坚持中国特色社会主义制度，贯彻中国特色社会主义法治理论。这三个方面规定和保证了中国特色社会主义法治体系的制度属性和前进方向，是中国特色社会主义道路的重要组成部分。三是明确了全面推进依法治国的工作重点和总抓手。张文显在《建设中国特色社会主义法治体系》中认为，全面推进依法治国，涉及立法、执法、司法、守法、普法、法学教育、法治队伍建设等各个方面，并与全面深化改革、全面建成小康社会互相联结、互相推进，不能摸着石头过河，而必须加强顶层设计、统筹谋划，在实际工作中必须有一个总揽全局、牵引各方的总抓手、总纲领。建设中国特色社会主义法治体系，就是全面推进依法治国的总抓手、总纲领。建设中国特色社会主义法治体系的提出，为推进国家治理体系和治理能力现代化拓展了实践路径。法治与国家治理息息相关，法治体系与国家治理体系相得益彰，构建中国特色社会主义法治体系，是推进国家治理现代化对法治建设必然提出的新任务，中国特色社会主义法治体系的建设，必将为国家治理现代化发挥引领和规范作用，促进国家治理体系和治理能力现代化。

对于全面推进依法治国总目标的基本内涵，理论界探讨了"建设中国特色社会主义法治体系"和"建设社会主义法治国家"的紧密关系，详细阐述了全面推进依法治国总目标的丰富内涵。有学者指出，要全面准确理解总目标包含建设中国特色社会主义法治体系和建设社会主义法治国家两个部分，二者是相辅相成、有机统一的整体。胡建淼在《全面推进依法治国的任务措施和要处理好的几个关系》中谈到，建设社会主义法治国家是目标属性、制度方向，建设中国特色社会主义法治体系是目标体系、制度抓手，中国特色社会主义法治体系是社会主义法治国家的衡量标准，"中国特色社会主义法治体系建成了，我们才能说社会主义法治国家建成了"。也有学者认为，全面精准把握总目标的丰富内涵和要求，既要把握法治国家建设的一般要求，又要把握中国特色社会主义的特殊要求；既要把握党的领导是社会主义法治最根本的保证，又要把握党的领导必须依靠社会主义法治；既要努力形成完备的法律规范体系、高效的法治实施体系、严密的法治监督体系、有力的法治保障体系，又要努力形成完善的党内法规体系；既要坚持依法治国、依法执政、依法行政共同推进，又要坚持法治国家、法治政府、法治社会一体建设；既要坚持依法治国，又要与以德治国相结合。

　　理论界强调了全面推进依法治国总目标的人民立场，指出全面推进依法治国总目标内含了习近平总书记提出的"体现人民利益、反映人民愿望、维护人民权益、增进人民福祉"的要求。有学者指出，以人民为中心既是马克思主义使命型政党的本质属性，也是马克思主义法治思想的根本立场。坚持人民主体地位是全面依法治国的出发点和落脚点，坚持以人民为中心须把握社会公平正义这一法治价值追求，立法、执法、司法机关必须把维护社会公平正义作为首要价值追求，把每一部法律的制定、每一件事务的处理、每一起案件的审理都作为维护社会公平正义的具体实践，在实体、程序、时效上充分体现社会公平正义的要求，更好地担当起维护社会公平正义的神圣责任。理论界梳理了全面推进依法治国总目标与全面推进依法治国工作布局的关系，认为习近平总书记提出的"坚持依法治国、依法执政、依法行政共同推进，坚持法治国家、法治政府、法治社会一体建设"是实现全面推进依法治国总目标的基本路径，体现了目标引领和重点突破相统一的辩证思维。理论界还明晰了"依法治国、依法执政、依法行政"和"法治国家、法治政府、法治社会"的科学内涵及其逻辑关系，认为依法治国、依法执政、依法行政共同推进，法治国家、法治政府、法治社会一体建设，既是全面依法治国的工作布局，也是法治中国建设的核心要义。

　　2.关于中国特色社会主义法治体系的研究。习近平总书记从全局思维、系统思维、战略思维出发，创造性地提出"中国特色社会主义法治体系"这一科学范畴。理论界对于"中国特色社会主义法治体系"的研究，主要聚焦于理论意蕴和实践路径。

理论意蕴主要从概念、本质、内涵、优势、范畴 5 个方面进行阐释。一是概念来源。理论界深入研究了"法治体系"和"法律体系"的辩证关系，认为"法治体系"是在"法律体系"基础上形成的概念，从"法律体系"到"法治体系"，体现了中国共产党对法治建设规律认识的重大突破。也有学者认为，中国特色社会主义法治体系的概念，丰富了马克思主义法的体系概念，实现了从法的体系到法治体系的转变。法的体系的和谐一致是就法律规范体系而言的，指法的体系内部各个组成部分之间的和谐一致；而中国特色社会主义法治体系包括法律规范体系、法治实施体系、法治监督体系、法治保障体系和党内法规体系，包括立法、执法、司法、守法各个环节，强调法治建设的整体性。二是本质定位。理论界认为，中国特色社会主义制度是中国特色社会主义法治体系的根本制度基础，中国特色社会主义法治体系是中国特色社会主义制度的重要组成部分。三是科学内涵。理论界高度赞同将中国特色社会主义法治体系的科学内涵概括为"五个体系"，即"完备的法律规范体系、高效的法治实施体系、严密的法治监督体系、有力的法治保障体系、完善的党内法规体系"，同时也进行了延展性研究。有学者指出，中国特色社会主义法治体系主要由三个层面的内容构成，具体包括法治的理论价值和精神文化；法治的制度体系和运行体制；法治的行为活动和实践运行。也有学者认为，中国特色社会主义制度体系、法律体系和法治体系都是围绕着"中国特色社会主义"这个根本价值目标展开的，在体系结构、体系功能、体系目标等方面相辅相成、互为一体。四是特点优势。理论界认为中国特色社会主义法治体系的特征和优势是国家治理体系和治理能力的"重要依托"，是符合我国国情、有效解决现实问题、得到人民的广泛拥护，是一套行得通、真管用、有效率的制度体系。五是创新范畴。理论界阐述了将党内法规体系纳入中国特色社会主义法治体系的原创性贡献，系统阐述了党规与国法的关系，认为必须坚持依法治国和依规治党有机统一，推进党内法规与国家法律相辅相成、良性互动。有学者认为，将党内法规纳入中国特色社会主义法治体系，使党内法规成为一个重要的法治概念，彰显了中国特色社会主义法治的政理、法理与实践逻辑，是中国共产党以法治思维和法治方式进行自我革命、全面从严治党的有力体现。

实践路径的研究主要集中在 5 个方面：一是形成完备的法律规范体系。理论界聚焦法律制度的空白点和冲突点，就如何以良法促进发展、保障善治展开了有益探索。有学者指出，法律是治国之重器，良法是善治之前提；良法应当反映人民的意志和利益，反映公平、正义等价值追求，符合社会发展规律，反映国情、社情、民情，并且具备科学、合理的体系。有学者指出，"良法"的标准，既有规范层面的要求，也有价值层面的要求。在规范层面，科学立法是制定良法的根本途径。立法必须符合社会发展规律，必须符合法律所要调整的社会关系的本质和内在规律，必须符合法律自身发展的规律。在价值层面，保证良法的途径是民主立法。我国的立法机关秉持立法为民理念，通过各种途径和方式广泛听取公众意见，形成了丰富的民主立法实践。有研究者在系统梳理改革开放几十年来中国法治建设尤其是中国特色社会主义法律体系建设的成就的基础之上，吸取国外法治建设的经验和教训，从整体和部分两个层次、从共性和个性两个维度进行深入的反思，就完善以宪法为核心的中国特色社会主义法律体系提出一系列新的思考。二是形成高效的法治实施体系。理论界围绕宪法实施和严格执法、公正司法、全民守法开展了系列探讨，尤其强调全面实施宪法是全面依法治国、建设社会主义法治国家的首要任务和基础性工作。有学者指出，宪法兼具政治性和法律性，既是治国安邦的总章程，也是国家的根本法，宪法实施通过政治和法律两种方式进行。有学者认为，我国法治实施应统筹把握以下十对关系：既要关注合法性，又要关注合目的性与合正义性；既要坚持规则治理，又要强调良法善治；既要坚持形式正义，又要重视实质正义；既要坚持依法推进改革、发展与稳定，又要求立法和司法主动适应改革、发展与稳定的需要；既要以法治思维为底线，又要有政治思维、经济思维；既要坚持发展是第一要务，又要坚持依法办事是基本遵循；既要保护公民、法人和其他组织的私法权利，又要保护其公法权益；既要保护实体权利，又要保护程序权利；既要抓住"关键少数"，又要采取有效措施促进全民守法；既要确保法律实现，又要完善各项法律设施，为法治实施提供必要的物质保障；既要坚持党的领导，又要从严治党和改善党的领导。三是形成严密的法治监督体系。有学者认为，要着力推进监督工作规范化、程序化、制度化，形成对法治运行全过程全方位的监督体系，督促实现科学立法、严格执法、公正司法、全民守法。也有学者认为，法治监督体系是一个由宪法监督为核心的，统摄执法监督体系、司法监督体系和社会监督体系等子体系所构成的严密的、完整的、动态的监督体系；这些子体系可归属到国家监督体系、社会监督体系和执政党的权力监督体系范畴之下，具有集合性和整体性、严密性和有序性、复合性和多主体性、动态性和实践性等特征。四是形成有力的法治保障体系。有学者指出，必须加强政治、组织、队伍、人才、科技、信息等保障，为全面依法治国提供重要支撑，筑牢法治中国建设的坚实后盾。付子堂在《形成有力的法治保障体系》中认为，法治保障体系由以下几个部分构成：党的领导是全面推进依法治国的坚强政治保障，中国特色社会主义制度是全面推进依法治国的牢固制度保障，高素质法治工作队伍是全面推进依法治国的组织和人才保障，中国特色法治文化是全面推进依法治国的丰厚文化保障。五是形成完善的党内法规体系。习近平总书记在庆祝中国共产党成立 100 周年大会上宣布，我们党已经"形成比较完善的党内法规体系"，标志着党内法规制度建设由此迈入高质量发展新阶段，全面从严治党、依规治党站在新的历史起点上。理论界研究了在新的历史起点上党内法规体系建设的目标、任务和方法，探讨了完善党内法规体系的现实意义、法治路径和实施机制。有学者认为，党内法规体系形成后，党内法规体系建设的任务是健全党内法规体系、激活党内法规实施和强化党内法规制度建设的保障，具体举措包括践行党内法规体系成熟标准、提升党内法规全生命周期质量、维系党内法规体系统一权威、形成党规国法相向而行格局，营造浓郁的全社会学习党规的氛围、持续加大党规公开的力度和落实执行责任制，培养德才兼备的党规专门工作队伍、守正创新的党规理论研究队伍和代代相传的党规后备专业人才。也有研究指出，今后应进一步厘清党内法规与规范性文件之间的界限，完善党内法规的制定、实施和保障制度；协调党内法规内部的规范冲突和部门分类，加强党的领导法规制度建设；进一步明确党内法规与国家法律的调整界限，实现两者的双向衔接协调。

3. 关于建设社会主义法治国家、建设法治中国、建设社会主义现代化法治强国的研究。理论界重点研究了以习近平同志为核心的党中央针对"建设社会主义法治国家"提出的一系列新观点新论断新要求。有学者总结了新时代建设社会主义法治国家的基本任务，即科学立法、严格执法、公正司法、全民守法、人才强法，认为科学立法保证良法善治，严格执法维护法律权威，公正司法确保公平正义，全民守法提振社会文明，人才强法支撑法治中国。

习近平总书记对全面推进依法治国进行深入思考，创造性地提出

"法治中国"概念。理论界从法理上探讨了"法治中国"的时代意义、科学内涵及其与"法治国家"的内在联系。对于"法治中国"概念的时代意义，有学者指出，"法治中国"概念具有深厚的历史文化底蕴、丰富的实践经验基础和强大的现实导向功能，是对新时代中国法治建设的科学定位。对于"法治中国"概念的科学内涵，有学者认为，"法治中国"的内涵比"法治国家"更加丰富、更加厚重、更加深刻、更具有时代特征。有学者指出，建设法治中国，不仅要建设法治国家，还要建设法治政府、法治经济、法治社会；不仅要推进依法治国，还要推进依法执政、依法行政、依法治军、依法治港治澳；不仅要推进国家法律建设，还要推进党内法规建设，促进党内法规和国家法律、依规治党和依法治国协调发展；不仅要推进法律制度硬实力建设，还要推进法治文化软实力建设，弘扬社会主义法治精神，培育社会主义法治文化；不仅致力于推进国内法治，还要推进涉外法治，建设国际法治，构建人类命运共同体，提升中国在全球治理中的话语权和影响力。对于"社会主义法治国家"与"法治中国"等概念的内在联系，有学者提出，"依法治国"是法治国家建设的初级阶段，"建设社会主义法治国家"是我国现阶段法治建设的总目标，"全面依法治国"是党的十八大特别是2013年以后提出的依法治国新任务，"建设法治中国"则是我国法治建设的长远目标。

以习近平总书记关于全面推进依法治国总目标重要论述为依据，理论界在"建设社会主义法治国家"的基础上提出了"建设社会主义现代

化法治强国"等命题，其中包括了"法治强国""法治现代化""中国式
法治现代化新道路"等重要概念。有学者认为，中国式法治现代化新道
路是中国式现代化新道路在法治领域中的集中体现，是中国共产党领导
人民在伟大社会革命进程中创造出来的植根中华大地、推进法治变革的
自主型法治发展道路，蕴含着深厚的历史逻辑、理论逻辑和实践逻辑。
李林在《新时代坚定不移走中国特色社会主义法治道路》中指出，中国
法治发展的战略筹划，始终是与党和国家对于中国现代化进程的战略构
想联系在一起的，建设法治强国是全面建成社会主义现代化强国的必然
要求。现代化法治强国的标准是国家科学立法、严格执法、公正司法、
全民守法、有效护法的各项制度得到全面贯彻，党领导立法、保证执
法、支持司法、带头守法、监督护法的各项要求得到全面落实，依法治
国、依法执政、依法行政共同推进的现代化国家治理体系全面建成，国
家治理能力显著提高，治党治国治军的制度体系更加完善更加成熟更加
定型更有效能，法治国家、法治政府、法治社会一体建设的各项指标全
面达成，国内法治与国际法治协调发展，依法治国基本方略得到全面深
入落实。

4. 关于全面推进依法治国历史性成就和阶段性目标的研究。全面推
进依法治国总目标是一个长远目标。围绕总目标的"完成情况"和"阶
段性任务"，习近平总书记注重总结全面依法治国的历史性成就，提出的
新时代"两步走"战略安排包含了阶段性法治建设目标。

　　理论界从不同维度对全面依法治国的历史性成就进行了概括总结。有学者认为，在习近平新时代中国特色社会主义思想科学指引下，我国围绕全面推进依法治国总目标，统筹推进法治领域改革，推动我国社会主义法治建设取得历史性成就、发生历史性变革。也有学者从全面推进依法治国的关键环节和重点内容角度，将历史性成就概括为党和国家高度重视依法执政、依规治党和依宪治国，科学立法方面成就斐然，法治政府建设展现出前所未有的"加速度"，司法体制各项改革顺利展开和全民普法工作深入展开五个方面。有学者从中国共产党领导法治中国建设的伟大成就和成功经验的角度出发，认为经过 70 多年的持续建设，中国特色社会主义法治体系已初步构建起来，形成和完善了中国特色社会主义法律体系，构建了中国共产党党内法规制度体系，形成了以宪法实施为基础、执法监察司法守法互相贯通的法治实施体系，形成了运行有序、约束有力、制约有效的法治监督体系，构建起了立体化、可持续、强有力的法治保障体系。

　　与习近平总书记提出的新时代"两步走"战略安排相呼应，理论界论证了法治建设的战略安排。有学者指出，国家发展进程的每一步战略谋划，必然带来国家法治发展的战略考量以及由此形成的战略安排，改革开放 40 多年来国家现代化历程的每一个重要发展阶段，都伴随着治国理政方式的调适及其法治发展目标的战略选择。也有学者详细论证了实现法治建设目标的战略安排，指出在基本实现社会主义现代化的同时，要基本建成法治国家、法治政府、法治社会，基本建成社会主义现代化法治强国；在建成富强民主文明和谐美丽的社会主义现代化强国的同时，要全面深入落实依法治国基本方略，全面建成社会主义现代化法治强国。

研究展望

随着习近平法治思想的不断丰富发展和全面依法治国实践的持续推进，理论界将顺应时代发展需要，不断深化对全面推进依法治国总目标的研究。

1. 加强对"全面依法治国""法治强国"等基础概念的研究。关于"全面依法治国"，目前存在"全面依法治国""全面推进依法治国""推进全面依法治国"三个相似概念。理论界需要进一步加强对"全面依法治国"的法理研究，深入分析上述三个概念的联系与区别，科学研判未来在概念使用上的统一问题。关于"法治强国"，理论界需要继续对其科学内涵、理论基础、目标任务、标准体系等问题进行更加体系化的研究。

2. 系统研究全面依法治国实践创新成果，丰富发展中国特色社会主义法治理论。理论界不能满足于简单概括总结中国特色社会主义法治体系建设经验，要不断从中提炼出新概念、新范畴、新命题、新理论，推进实践基础上的理论创新，发展体现社会进步、时代变革、中国智慧的中国特色社会主义法治理论。同时，要总结法治建设规律，及时提出法治建设新方向新任务，不断丰富和发展全面推进依法治国总目标的内涵。

3. 深入研究全面依法治国实践突出问题，提出深化法治领域改革的理论方案。实现全面推进依法治国总目标是一项艰巨任务，需要不断通过改革发展解决实践中存在的具体问题，实现良法善治。当前，需要理论界进一步研究的问题包括：如何统筹推进法律规范体系、法治实施体系、法治监督体系、法治保障体系和党内法规体系建设；如何加快重点领域立法，健全国家治理急需、满足人民日益增长的美好生活需要必备的法律制度；如何深化法治领域改革；如何通过法治体系建设为全面建设社会主义现代化国家、实现第二个百年奋斗目标提供有力法治保障；等等。

4. 推进涉外法治和国际法治研究，提升我国法治体系和法治理论的国际影响力和话语权。当前，我国涉外法治短板比较明显，理论界需要深入研究涉外法治基本范畴、基础理论，尽快形成体系完善、内容前沿、国际领先的涉外法治和国际法治理论体系；深入研究我国法域外适用的制度体系，重点研究反制裁、反干涉、反制"长臂管辖"法律法规；加紧研究如何在国际公约、多边条约制定过程中发挥中国的积极作用；加紧研究如何培养涉外法治人才；加紧研究如何讲好中国法治故事，提升我国法治体系和法治理论的国际影响力和话语权。

刘 洋 ┃ 吉林大学中国特色社会主义理论体系研究中心副主任

韩喜平 ┃ 吉林大学中国特色社会主义理论体系研究中心主任、中央马克思
主义理论研究和建设工程首席专家

习近平经济思想研究述评

　　新时代呼唤新理论，新理论引领新实践。党的十九届六中全会审议通过的《中共中央关于党的百年奋斗重大成就和历史经验的决议》，将习近平新时代中国特色社会主义思想的核心内容系统概括为"十个明确"，其中的"第七个明确"，是习近平经济思想精髓要义的集中呈现。习近平经济思想根植于中国经济发展的伟大实践，指导中国经济建设发生历史性变革、取得历史性成就。新时代新征程，推动经济稳中求进、实现高质量发展，需要习近平经济思想为新时代中国经济发展引航定向。

一、习近平经济思想研究的基本历程

习近平经济思想紧紧围绕新时代中国特色社会主义经济建设中的重大问题，以"七个坚持"及新发展理念为主要内容，在科学指导新时代我国经济改革和发展实践中，形成了一系列新概念、新范畴、新体系、新学说，这也成为理论界开展相关宣传阐释与学理研究的基本遵循。

（一）关于新常态概念的研究

2014年5月，习近平总书记在河南考察论及国内经济形势时，第一次提出："我国发展仍处于重要战略机遇期，我们要增强信心，从当前我国经济发展的阶段性特征出发，适应新常态，保持战略上的平常心态。"新常态概念是习近平经济思想研究中的重要概念，是党的十八大以来习近平总书记就我国经济发展总体形势和突出特征作出的重大理论判断，也是习近平经济思想中最先"出场"的重要原创性理论观点之一。

理论界围绕新常态，集中开展习近平经济思想的研究工作。2016年3月，新华社发布《八个两会关键词解码习近平政治经济学》一文，用以人民为中心、全面小康、基本经济制度、新发展理念、"两手"论、新常态等8个关键词概述了党的十八大以来，以习近平同志为核心的党中央所提出的具有原创性的理论范畴，这是对习近平经济思想的主要原创性理论元素进行的阶段性总结，为理论界进一步深入研究习近平经济思想作了重要铺垫。

（二）关于新发展理念和"七个坚持"的研究

2017 年 12 月召开的中央经济工作会议，提出以新发展理念为主要内容、包含"七个坚持"在内的习近平经济思想。

新发展理念，即贯彻创新、协调、绿色、开放、共享的发展理念。"七个坚持"，即坚持加强党对经济工作的集中统一领导，保证我国经济沿着正确方向发展；坚持以人民为中心的发展思想，贯穿到统筹推进"五位一体"总体布局和协调推进"四个全面"战略布局之中；坚持适应把握引领经济发展新常态，立足大局，把握规律；坚持使市场在资源配置中起决定性作用，更好发挥政府作用，坚决扫除经济发展的体制机制障碍；坚持适应我国经济发展主要矛盾变化完善宏观调控，相机抉择，开准药方，把推进供给侧结构性改革作为经济工作的主线；坚持问题导向部署经济发展新战略，对我国经济社会发展变革产生深远影响；坚持正确工作策略和方法，稳中求进，保持战略定力、坚持底线思维，一步一个脚印向前迈进。

理论界围绕新发展理念和"七个坚持"，就新时代中国特色社会主义经济建设的领导力量、价值导向、发展理念、发展战略等问题，系统开展对习近平经济思想的研究阐释工作。在此基础上，根据习近平总书记针对具体领域重要问题的战略规划和工作指导，理论界又专门开展了针对习近平总书记关于实体经济、财税金融、数字经济、生态经济、乡村振兴等方面重要论述的研究阐释工作，进一步丰富了关于习近平经济思想的理论研究成果。

（三）关于"第七个明确"的研究

《中共中央关于党的百年奋斗重大成就和历史经验的决议》指出，"明确必须坚持和完善社会主义基本经济制度，使市场在资源配置中起决定性作用，更好发挥政府作用，把握新发展阶段，贯彻创新、协调、绿色、开放、共享的新发展理念，加快构建以国内大循环为主体、国内国际双循环相互促进的新发展格局，推动高质量发展，统筹发展和安全"，即"第七个明确"。"第七个明确"提出以来，理论界站在全面建设社会主义现代化国家新征程的历史起点上，以"立足新发展阶段、贯彻新发展理念、构建新发展格局"为主线，围绕习近平经济思想的形成和发展脉络，从思想内容、逻辑体系、理论来源、实践基础等方面，进一步深化了对习近平经济思想的学理化研究。

二、习近平经济思想研究的主要进展

党的十八大以来，理论界主要从习近平经济思想的理论来源、逻辑体系、丰富内涵、理论创新等方面，深入研究阐释习近平新时代中国特色社会主义思想在经济领域的原创性贡献。

（一）关于习近平经济思想理论来源的研究

第一，马克思主义政治经济学是习近平经济思想的理论母体。理论界普遍认为，党的十八大以来，以习近平同志为核心的党中央在领导经济建设的实践中，坚持马克思主义政治经济学的基本立场、观点和方法，不断提炼总结中国特色社会主义经济社会发展规律，把马克思主义政治经济学基本原理同中国特色社会主义经济建设实践紧密结合，日益丰富当代马克思主义政治经济学理论，不断推进马克思主义政治经济学的中国化时代化，形成了习近平经济思想这一科学指导我国经济高质量发展与全面建设社会主义现代化国家的重大理论成果。

第二，习近平经济思想是对毛泽东思想、中国特色社会主义理论体系关于经济发展思想的继承与发展。理论界研究认为，习近平经济思想是对社会主义初级阶段理论、坚持解放和发展社会生产力、坚持加强党对经济工作的领导、坚持在经济工作中正确处理一系列重大关系等中国共产党人关于科学运用马克思主义政治经济学，看待和解决中国经济社会发展中所面临的问题的理论成果的继承与发展。习近平经济思想既开拓了中国特色社会主义政治经济学的新境界，又在理论指导实践的过程中推进了中国特色社会主义经济建设向纵深发展。

第三，中华优秀传统文化中的经济思想为习近平经济思想提供了丰厚滋养。有学者认为，中华优秀传统文化是中华民族生生不息的宝贵精神财富，其所蕴含的经世济民思想与智慧为中国特色社会主义政治经济学理论体系的建构与创新提供了丰富给养，构建具有深厚文化底蕴的中国特色社会主义政治经济学理论体系，正是习近平经济思想对中华优秀传统经济理论与学说进行创造性转化与创新性发展的理论使命。习近平经济思想的诸多方面，也都体现了中华优秀传统文化的生命力和影响力。比如"以人民为中心"的发展思想，就彰显着中国古代"民惟邦本、本固邦宁"的民本理念；扎实推动共同富裕也传达了中华优秀传统文化中"天下大同"的价值内涵。

第四，西方经济学的有益成分为习近平经济思想提供了参考借鉴。有学者研究认为，习近平总书记对西方经济学并不是一概否定的，而是运用辩证唯物主义和历史唯物主义的方法，全面系统地分析其优劣，在对西方经济学理论取其精华、去其糟粕的基础上，创造性地将其合理成分吸收借鉴到中国特色社会主义政治经济学的理论构建与创新中，提出对西方经济学中关于反映社会化大生产和市场经济一般规律的一面，要注意借鉴，强调在认识和利用西方经济学问题上要坚持去粗取精、去伪存真，以我为主、为我所用。

（二）关于习近平经济思想逻辑体系的研究

第一，习近平经济思想是一个系统科学的理论体系。理论界普遍认为，从本质属性看，习近平经济思想深刻阐明了我国经济发展所要依靠的政治保障及所要坚持的根本立场和基本制度。从时代特征看，习近平经济思想深入揭示了当前我国社会主要矛盾和经济发展过程中发生的历史性变化。从战略安排看，习近平经济思想提出了我国经济发展所要坚持的主线、战略目标等，是习近平新时代中国特色社会主义思想的重要组成部分，具有科学、系统的内在逻辑结构。

第二，习近平经济思想源于历史、开创未来，呈现出一条贯穿过去、现在和未来的清晰历史逻辑脉络线。理论界一致认为，习近平经济思想是在中国特色社会主义进入新时代、社会主要矛盾发生变化、经济由高速增长阶段转向高质量发展阶段的历史背景下形成的。以习近平同志为核心的党中央，根据国际国内形势出现的新变化，对我国经济社会发展中出现的许多重大问题，进行了创新总结，作出了重要判断。与此同时，习近平经济思想源于对多方面历史经验的继承与发展，不仅继承与创新了党和国家治国理政的丰富实践经验，而且也吸收借鉴了中华文明乃至全人类一切文明成果。

第三，习近平经济思想集中彰显出源于实践又指导实践的现实逻辑。理论界一致认为，习近平经济思想根植于社会主要矛盾变化对理论创新的现实需要，从新发展理念到高质量发展再到扎实推动共同富裕，这一思想的现实逻辑的主线是适应社会主要矛盾变化，着力解决人民日益增长的美好生活需要和不平衡不充分的发展之间的矛盾。习近平经济思想根植于外部环境深刻变化对理论创新的现实需要，从高质量共建"一带一路"到构建全球发展命运共同体，从构建开放型经济新体制到构建新发展格局，这一思想的现实逻辑的主线是适应外部发展环境的深刻变化，为我国经济社会发展营造良好的外部环境。习近平经济思想根植于解决经济运行中出现的重要问题对理论创新的现实需要，从"三期叠加"、经济发展新常态到新发展阶段，从供给侧结构性改革到打好三大攻坚战，这一思想的现实逻辑的主线是深刻认识和把握、有效解决国民经济运行中出现的重大问题。

（三）关于习近平经济思想丰富内涵的研究

第一，关于习近平经济思想中"基本经济制度论"的研究。理论界普遍认为，习近平经济思想清晰揭示了社会主义市场经济体制上升为基本经济制度的逻辑必然，且社会主义基本经济制度是公有制与市场经济从"结合"到"融合"的必然结果。习近平经济思想作为马克思主义政治经济学基本原理同中国具体实际相结合的重大理论创新，使得基本经济制度和市场经济体制统一于更高层次、更广范围的制度结合形式，是对完善基本经济制度和市场经济体制双重呼唤的实践回应。在社会主义基本经济制度支撑高质量发展的制度优势层面，习近平经济思想充分确证了社会主义基本经济制度有利于激发各类主体的积极性、主动性和创造性，有利于推动促进高质量发展的利益激励和体制机制的形成，有利于在为非公有制经济的存续与发展提供制度"合法性"的同时，也为广大人民群众参与国家经济生活、调动各方面积极性、集中力量推进社会主义经济建设提供了最根本的制度保障。在经济体制改革与建构更高水平的社会主义市场经济体制的取向层面，习近平经济思想深刻阐明了社会主义基本经济制度在有效市场和有为政府实现更好结合过程中所发挥的重要作用，即在高质量发展中有机结合有效市场的基础需求与有为政府的制度保障，在动态调整中形成相互促进、相辅相成的格局，在合力作用下平衡短期利益与长期规划，持续优化营商环境，加强市场监管，维护市场秩序，扫除经济发展过程中的体制机制障碍，破除制约经济发展的隐形壁垒，以有效市场与有为政府的强大合力推动经济高质量发展，增进人民福祉、实现共同富裕。

第二，关于习近平经济思想中"发展阶段论"的研究。理论界研究认为，面对经济进入"新常态"以来我国经济增长速度的放缓、结构性矛盾的积聚与显现，以及前期刺激政策积累与溢出效应的加大，以习近平同志为核心的党中央提出的我国经济发展处于增长速度换挡期、结构调整阵痛期、前期刺激政策消化期"三期叠加"发展阶段的重要判断，清晰揭示了党的十八大以来我国经济发展的主要阶段性特征。基于对当前我国经济经历质量变革、效率变革、动力变革的转型发展过程，发展目标由对"数量赶超"的关注转向对"质量赶超"的关注，发展方式由从速度规模型"增长"向质量效益型"发展"转变，经济整体呈现稳中有进、稳中向好的发展态势，经济增速平稳换挡，经济结构深层调整，新旧动能加快接续转换等发展新趋势的深刻洞见，以习近平同志为核心的党中央作出了我国经济已由"由高速增长阶段转向高质量发展阶段"的重要论断，进一步揭示了新时代我国经济发展的基本特征。在认清形势、立足大局、把握规律的基础上，"新发展阶段"理论明确把"强起来"作为全面建设社会主义现代化国家、向第二个百年奋斗目标进军的发展目标。从实践导向来看，"新发展阶段"是以实现经济"强起来"与推动实现全体人民共同富裕为主要目标的发展阶段。"新发展阶段"的共同富裕是进入基本实现社会主义现代化阶段的共同富裕，是在高质量发展中实现人民对美好生活需要的、富裕和共享相结合的共同富裕，是以提高发展共享性和普惠性为核心要旨，着力提升全体人民发展能力的共同富裕。从这一层面而言，习近平经济思想从战略谋划的高度赋予了"新发展阶段"以更高势位的定义。

第三，关于习近平经济思想中"发展理念论"的研究。理论界普遍认为，新发展理念是习近平经济思想的主要内容之一。新发展理念是以习近平同志为核心的党中央，在深刻分析国内外发展大势的基础上提出来的，既是从发展动力、方式、导向和路径层面形成的对高质量发展的引领，也是从发展的核心动力、内生特点、人与自然关系、内外联动以及社会公平等层面对我国发展中存在的突出矛盾和现实问题作出的集中回应。新发展理念将人民作为发展的出发点和落脚点，集中体现了人民主体性。具体而言，创新在动力维度上充分激发了人民的内在创造力，协调在结构维度上更好地满足了人民对美好生活的需要，绿色在生态维度上为人民创造了良好的生产生活环境，开放在关系维度上构建起人类命运共同体，共享在目标维度上坚持以人民为中心的发展思想。新发展理念立足新时代中国特色社会主义建设的伟大实践，在充分把握人类发展理念的演进规律、全面总结承继我国各阶段建设经验的基础上，以问题导向瞄准我国发展的现实问题，引导行动精准发力。与此同时，新发展理念集中体现了整体发展与重点突破、宏观指引与微观指导、目标导向与问题导向、合规律性与合目的性的辩证统一，既是规划未来发展蓝图的指导思想，也是化解发展难题、厚植发展优势的具体抓手。

第四，关于习近平经济思想中"发展格局论"的研究。理论界一致认为，以习近平同志为核心的党中央提出的加快构建以国内大循环为主体、国内国际双循环相互促进的新发展格局，从正确认识和把握两大循环间辩证关系的层面，明确了我国经济发展立足国内，充分发挥超大规模市场优势，在内需主导、内部可循环基础上，通过发挥内需潜力，使国内市场和国际市场实现更好联通的实践路径，抓住了实现高水平自立自强这一新发展格局最本质的特征。国内大循环是国际大循环的基础和保障，国内大循环的畅通有利于更好融入国际大循环；国际大循环是国内大循环的外延和补充，国际大循环的畅通有利于为国内大循环提供更新活力、更大空间。以国内大循环为主体不是弱化国际大循环，而是以更高水平和层次参与国际大循环。面对世界百年未有之大变局之下国际环境带来的新变化与新挑战，构建新发展格局是现阶段中国经济以供给侧结构性改革推动经济转型发展的迫切需要。与此同时，通过庞大的国内市场规模、旺盛的内需潜力、完整的产业门类、日益雄厚的人才和科技创新基础，以及"一带一路"建设和人民币国际化进程的稳步推进等战略举措，构建新发展格局的优势和基础，能够在化危为机、开创新局中深入推进国内改革，在深入对外开放中建立和完善更高水平开放型经济新体制，在形成强大国内市场的基础上，依托我国内需潜力助力经济转型升级。同时，在参与和维护国际大循环、助力全球经济企稳复苏的过程中，提升我国国际形象、彰显大国风范，通过国内大循环与国际大循环的有机连接为世界经济复苏和增长注入新动力。

第五，关于习近平经济思想中"统筹发展和安全论"的研究。理论界研究认为，统筹发展和安全是以习近平同志为核心的党中央在坚持总体国家安全观的基础上，对发展和安全两大主题的全新认识和理解。发展是安全的基础，是党执政兴国的第一要务；安全是发展的条件，保证国家安全是头等大事。统筹发展和安全就是要实现高质量发展和高水平安全相互支持、相互促进，既善于运用发展成果夯实国家安全的实力基础，又善于塑造有利于经济社会发展的安全环境；既要践行人类命运共同体理念，维护世界和平与发展，为世界安全与发展贡献中国方案，又要坚持以底线思维来落实，增强忧患意识，防范化解发展进程中的安全风险。在当今中华民族伟大复兴战略全局与世界百年未有之大变局深度交织的时代背景下，统筹好发展与安全的关系，是关乎人民现实利益，关系执政党兴衰存亡、国家长治久安，关系中国能否在世界秩序的新一轮重构中把握主动权，关系社会主义现代化建设宏伟目标能否顺利达成的关键。在全面建设社会主义现代化国家的历史进程中妥善处理好发展与安全的关系，指引中国特色社会主义伟大事业平稳前进，充分展现了以习近平同志为主要代表的中国共产党人的理论品格、战略定力和执政智慧。经济全球化纵深发展将世界推入相互依存、休戚与共的人类命运共同体阶段。追求实现中华民族伟大复兴的宏伟目标，要深切意识到当前中国已经深度融入全球现代化发展图景，中国的发展与安全问题同世界的整体发展与安全息息相关，中华民族的前途命运与世界的和平与发展密不可分。在世界百年未有之大变局以及纷至沓来的资源短缺、气候变化、环境污染、疾病流行等全球性问题和挑战的时代背景下，作为习近平经济思想的重要理论成果，统筹发展和安全，处理好发展与安全的关系，推动中国在新时代社会主义现代化建设的道路上奋进腾飞，要求我们将目光从囿于国内经济建设发展与安全稳定的"一隅"，转向秉持人类命运共同体理念，以辩证唯物主义的整体性思维，站在人类命运"一盘棋"的高度，统筹国内国际两个大局，培育推进发展与安全的内外环境，以"中国奇迹"的持续动力引领世界经济的发展，以"建设更高水平的平安中国"来增进世界整体和平与安全。

（四）关于习近平经济思想理论创新的研究

第一，实现了对马克思主义政治经济学的发展和创新。理论界研究认为，习近平经济思想中以人民为中心的发展思想，赋予马克思劳动价值论新的生机，澄清了人们对社会主义经济体制改革价值取向的质疑；

以市场在资源配置中起决定性作用和更好发挥政府作用，破解了公有制和市场经济能否统一的理论难题。与此同时，"创新是引领发展的第一动力""保护生态环境就是保护生产力，改善生态环境就是发展生产力"等理论观点，集中体现了习近平经济思想对马克思主义政治经济学关于生产力和生产关系等研究对象的坚持与发展。正是通过牢牢坚持和灵活运用马克思主义政治经济学根本立场与基本原理，置身于我国实际国情和经济发展实践，习近平经济思想系统回答了新时代中国特色社会主义经济建设的一系列重大问题，形成了科学严谨、体系完整、内涵丰富、博大精深的系统化与理论化的经济学说，深化了对中国共产党执政规律、社会主义经济建设规律、人类社会发展规律的认识，实现了对新时代马克思主义政治经济学的创造性发展。

第二，开辟了中国特色社会主义政治经济学的新境界。理论界研究认为，习近平经济思想从坚持马克思主义世界观和方法论、坚持中国共产党的领导、坚持从国情出发等层面，确定了中国特色社会主义政治经济学的重要范畴，从坚持解放和发展生产力、坚持社会主义市场经济改革方向等层面，确立了中国特色社会主义政治经济学的重大原则。与此同时，习近平经济思想构建了以新发展理念为主要内容的发展理论，提出了以供给侧结构性改革为主线的战略举措，以坚持经济工作中的辩证思维、系统思维、战略思维、历史思维、创新思维、底线思维，实现了中国特色社会主义政治经济学方法论的创新，谱写了马克思主义政治经济学中国化的新篇章。

第三，突破了西方经济学的思想误区和理论藩篱。理论界研究认为，习近平经济思想突破了现代西方主流经济学中政府和市场二元对立的分析范式；超越了西方主流经济学以利润最大化为发展前提的理论假设，而是坚持以人民为中心的基本立场，在经济增长的过程中实现公平和效率的统一，进而为实现人的全面发展提供理论依据；强调独立自主走符合本国国情的现代化发展道路，以中国式现代化发展道路的丰富内涵，突破了西方主流经济学语境下所暗含的"现代化"等于"西方化"的理论假设和理论定式；在对西方经济学中经济增长与发展理论以及西方国际贸易比较优势理论和要素禀赋论的批判中，形成了具有中国特色的经济发展理念，坚持在对外开放中确保国家的自主性和互利共赢原则，从而破解和跨越了陷入经济增长停滞、国际分工依附、债务危机频发等"发展陷阱"的危险。与此同时，不同于西方供给学派的中国式供给侧结构性改革，以解放和发展社会生产力，用改革的办法推进结构调整，减少无效和低端供给，扩大有效和中高端供给，增强供给结构对需求变化的适应性和灵活性，提高全要素生产率为重点，以不断提升的供给能力更好满足广大人民日益增长、不断升级和个性化的物质文化和生态环境需要为目标导向，进而实现对西方供给学派理论主张的超越。

三、理论界关于习近平经济思想研究的未来展望

习近平经济思想是在我国社会主义现代化建设实践中不断丰富和发展的思想体系，实践赋予习近平经济思想开放性品格，同时也赋予了理论界把习近平经济思想的研究阐释作为一项系统工程不断深化细化的学术使命。为提升习近平经济思想研究的学理化水平，在今后的研究中，理论界需要从以下几个方面进行强化拓展。

（一）深刻挖掘思想内涵

习近平经济思想丰富和发展了马克思主义政治经济学的研究体系与研究内容，构成了一个逻辑严密、系统完备的科学理论体系。准确且完整地呈现这一思想，要求我们深刻挖掘习近平经济思想的科学内涵，生动诠释习近平经济思想博大精深的丰富内容。为此，要从新时代中国特色社会主义经济发展的根本立场、政治保障、基本制度、主题主线、发展理念、发展战略、发展格局、工作方法等维度，系统阐释习近平经济思想是为人民谋幸福的经济学，是为民族复兴奠定更强大物质基础的经济学，是启迪"政府与市场"相处之道的新时代社会主义市场经济学，是引领指导全体人民实现共同富裕的经济学，是集中彰显中国式现代化重要特征的经济学。

（二）拓展创新研究方法

习近平经济思想的形成有着深厚的实践基础，强化对习近平经济思想实践伟力的理论总结，必须基于扎实丰富的实证调研，从而提升对习近平经济思想研究阐释的科学性与运用习近平经济思想指导经济工作的靶向性。为此，要把调查研究的方法系统引入对习近平经济思想的研究之中，着力增强理论阐释的实证支撑，集中展示习近平经济思想在实践领域的贯彻落实情况，丰富充实对习近平经济思想的应用型研究。与此同时，要提升对习近平经济思想研究阐释的学科互补与交融互通水平，通过多学科视角和多维研究方法，实现方法交叉、理论借鉴、学科交融。

（三）系统强化学理阐释

系统强化学理阐释是提升习近平经济思想研究工作整体质量的关键。要从本质属性、时代特征、战略安排等层面对习近平经济思想的理论体系进行整体性梳理，特别是要围绕"立足新发展阶段、贯彻新发展理念、构建新发展格局"这条主线，梳理把握习近平经济思想中各原创性理论元素之间的逻辑脉络，避免目前部分研究中存在的针对习近平经济思想中的具体观点和论断作条块分割、"各自为战"式的理论解读。为此，要强化对习近平经济思想形成的历史依据、理论基础和实践源流的纵深研究，并深入探讨习近平经济思想的世界启示，系统诠释习近平经济思想如何在以"中国实"增益"世界惠"的过程中，提供为人类谋幸福、为世界谋大同的中国智慧与中国方案。

刘光明 | 国防大学习近平新时代中国特色社会主义思想研究中心主任、教授

王　强 | 国防大学习近平新时代中国特色社会主义思想研究中心研究员

习近平强军思想研究述评

党的十九届六中全会通过的《中共中央关于党的百年奋斗重大成就和历史经验的决议》，以"十个明确"对习近平新时代中国特色社会主义思想的核心内容作了进一步系统概括。其中，"第八个明确"是"明确党在新时代的强军目标是建设一支听党指挥、能打胜仗、作风优良的人民军队，把人民军队建设成为世界一流军队"。党的十八大以来，以习近平同志为核心的党中央着眼于破解新时代强军事业面临的一系列重大时代课题，作出一系列新的重大判断、新的理论概括、新的战略安排，创立形成了习近平强军思想。理论界围绕习近平强军思想形成和发展的脉络积极开展学理化研究和宣传阐释，取得了重要理论成果。梳理这些成果，有助于我们更为深刻、更加准确地理解把握习近平强军思想，对于进一步概括新时

代党的军事指导理论的原创性思想、标志性概念,进一步深化全军习近平强军思想的学习武装,进一步推进强军实践,都具有重要意义。

形成发展

历史从哪里开始,思想的进程也往往从哪里开始。2012 年 12 月,习近平主席到原广州战区考察,鲜明指出"强国梦,对于军队来讲,也是强军梦",这一论断具有重大理论奠基意义。以此为思想发端和逻辑起点,习近平主席在领航人民军队进程中进行了艰辛的理论探索和实践创造。2013 年 3 月,习近平主席出席十二届全国人大一次会议解放军代表团全体会议时郑重提出,"建设一支听党指挥、能打胜仗、作风优良的人民军队,是党在新形势下的强军目标"。2016 年 2 月,在中央军委扩大会议上,习近平主席进一步阐述实现强军目标、建设世界一流军队的思想。理论界认为,这一系列重要讲话表明,习近平强军思想的基本框架开始形成,贯穿的鲜明主题是强军兴军,根本着眼是以强军支撑强国复兴伟业,核心要求是实现党在新时代的强军目标、把人民军队全面建成世界一流军队,实践指向是走中国特色强军之路。

在学习贯彻习近平强军思想的过程中,中央军委政治工作部组织编印了《习近平关于国防和军队建设重要论述选编》《习近平国防和军队建设重要论述选编(二)》《习近平国防和军队建设重要论述选编(三)》

《习主席国防和军队建设重要论述读本（2016年版）》《习近平论强军兴军》等著作，集中体现了习近平主席强军兴军的一系列重大战略思想、重大理论观点、重大决策部署。2017年10月，党的十九大鲜明提出习近平强军思想，将这一思想写入党章，明确其在国防和军队建设中的指导地位。理论界认为，这标志着习近平强军思想正式创立、形成理论体系。

党的十九大后，习近平主席继续紧紧抓住涉及强军兴军的战略问题、制约部队发展的瓶颈问题、官兵关心关注的现实问题，在聚力解决矛盾问题的同时不断推进理论的创新发展，不断提出一系列具有新时代特征、富有前瞻性科学性的思想理论观点。

2017年11月，习近平主席视察军委联合作战指挥中心时强调，军事斗争是进行伟大斗争的重要方面，打赢能力是维护国家安全的战略能力，深刻揭示了新时代军事斗争准备规律。2017年12月，在中央军委一次重要会议上，习近平主席首次用"四个战略支撑"概括新时代人民军队的使命任务，即为巩固中国共产党领导和社会主义制度提供战略支撑，为捍卫国家主权、统一、领土完整提供战略支撑，为维护国家海外利益提供战略支撑，为促进世界和平与发展提供战略支撑。2018年8月，习近平主席在中央军委党的建设会议上首次提出"我军党的领导和党的建设工作"，并以这个新概念为核心提出了一系列思想理论观点和决策部署。2019年1月，习近平主席在中央军委军事工作会议上特别强调，要把新时代军事战略思想立起来，把新时代军事战略方针立起来，把备战打仗指挥棒立起来，把抓备战打仗的责任担当立起来，为更加扎实有效地做好军事斗争准备工作、开创新时代强军事业新局面提供了科学指南。2020 年 10 月，在党的十九届五中全会上，习近平主席着眼国家安全和发展全局需要，在作出力争到 2035 年基本实现国防和军队现代化、到本世纪中叶把人民军队全面建成世界一流军队的战略安排基础上，历史性地提出确保 2027 年实现建军百年奋斗目标，立起了加快国防和军队现代化的战略总纲。2021 年 7 月，习近平主席在中央政治局第二十二次集体学习时提出，要更新管理理念，提高战略素养，健全制度机制，畅通战略管理链路，实质性推进军事管理革命，提高军事系统运行效能和国防资源使用效益。2022 年 3 月 7 日，习近平主席在出席十三届全国人大五次会议解放军和武警部队代表团全体会议时强调，要贯彻依法治军战略，提高国防和军队建设法治化水平，为推进强军事业提供坚强法治保障。这一系列重大理论观点，丰富发展了党的军事指导理论，为国防和军队建设各领域工作立起了"魂"和"纲"。

研究重点

党的十八大以来，理论界对习近平强军思想的研究，主要围绕形成背景、理论来源、理论体系、科学方法论、理论贡献等方面展开。

1.根植强国强军新时代的科学理论。理论界普遍认为，世界正发生前所未有之大变局，我国正处于由大向强发展的关键阶段，我军正经历着一场革命性变革，这是党中央、中央军委和习近平主席对国防和军队建设历史方位的科学判断，是在新的历史起点上加快推进国防和军队建设的基本依据。

我国正处于由大向强发展的关键阶段。中国特色社会主义进入了新时代，国防和军队建设也进入了新时代。有研究者认为，习近平强军思想深刻把握国家和军队的历史方位、阶段性特点，科学回应强国必须强军的时代呼唤，牢牢把握以强军支撑强国的时代使命、以世界一流军队支撑走近世界舞台中央的时代考验，围绕国际国内形势、军队地位作用和军队使命任务层层递进、依次展开，成为新时代在军事上的鲜明理论标志。还有研究者从质量互变规律理解习近平强军思想，认为习近平主席敏锐洞察军队建设具备由大向强的现实基础，是对量变引起质变规律的自觉实践。

世界新军事革命加速发展。当今时代，战争形态加速向信息化演进，智能化战争初现端倪，作战方式发生深刻变革，战场空间多维拓展，新概念新技术迭代更新，大国军事竞争卷土重来。理论界普遍认为，习近平强军思想准确把握世界新军事革命发展趋势，科学分析国家发展战略和安全战略新要求，把握现代战争特点和规律，构建新时代军事战略体系，阐明了新时代打什么仗、怎么打胜仗的重大问题，勾画出中国特色强军之路的内在逻辑与展开方式，蕴含着抢占 21 世纪战略主动权的深邃思考。

我军正经历着一场革命性变革。深化国防和军队改革是顺应世界新军事革命趋势的需要，推动人民军队组织形态实现整体性重塑，解决长期积累的体制性障碍、结构性矛盾、政策性问题任务艰巨繁重，这对党的军事指导理论提出了新的更高要求。有研究者认为，习近平强军思想形成的背景是习近平主席对以美、俄为代表的大国军队重大改革举措、发展趋势了然于胸，研究深刻，并结合中国实际借鉴吸收到创新军事战略指导、深化军队改革等军事理论创新中。

2. 丰富深厚的理论渊源。理论界对习近平强军思想的理论渊源进行了深入探究分析，形成以下认识。

习近平强军思想继承和发展了我们党一以贯之的建军治军指导思想和方针原则。理论界普遍认为，马克思主义军事理论是无产阶级军队建设思想的重要理论基础，是习近平强军思想的理论根脉。习近平强军思想继承了马克思主义关于战争基本问题、人民战争、战略战术、国防和军队建设等方面的基本观点，创造性地揭示和反映了现代军事活动的本质与规律，丰富拓展了马克思主义战争观军事观。有研究者提出，习近平强军思想科学总结我军建设发展的基本经验，深刻揭示人民军队来自哪里、为何从胜利走向胜利的奥妙所在，同时又回应新的时代需求提出一系列新思想新观点新论断新要求，实现了党的军事指导理论重大突破、重大创新，彰显了百年来中国共产党人的政治传承和理论传承。一些研究者认为，从传承我们党"思想建党、政治建军"根本原则的思想精髓到传承发扬共产党人科学的思维品格和思想风范，从丰富发展我们党人民战争战略思想到生动运用人民战争战略战术和军事斗争艺术，习近平强军思想进一步丰富了党的军事指导理论宝库。

习近平强军思想汲取了中华优秀军事传统文化精华。理论界认为，习近平强军思想扎根中华优秀传统文化的丰厚滋养，充分汲取蕴含其中的尚武思想、战略精神、兵法谋略、治军智慧和为将之道，注重从中华文明发展进程中理解强国复兴的历史使命，从中华民族优秀传统中提炼开拓进取的精神动力，从中华文化经史典籍中撷取精辟的语言语汇，贯穿着深厚的历史底蕴、深邃的民族智慧、丰富的文化内涵，展现出鲜明的中国特色、中国风格、中国气派。

习近平强军思想借鉴了当今世界军事理论优秀成果。理论界认为，习近平强军思想始终站在人类文明传承的高度，紧盯时代前沿、军事前沿、科技前沿，借鉴世界先进军事理论发展成果，系统研究现代战争的演进轨迹和内在机理，科学阐发现代战争对作战指挥、政治工作、后装保障、军事训练、军事改革、军事管理等的本质规定性，创新作战概念和战法，创新发展"你打你的、我打我的""灵活、机动、自主""充分发挥人民战争的整体威力"等军事原则，构建具有我军特色、符合现代战争规律的先进作战理论体系。

3. 系统完整的理论体系。理论界认为，习近平强军思想主题鲜明、立意高远、大气磅礴、思想深邃，是一个内涵丰富、逻辑严密、系统完整的科学军事理论体系。

2017 年 12 月，习近平主席在中央军委一次重要会议上首次提出"十个明确"：明确强国必须强军，巩固国防和强大人民军队是新时代坚持和发展中国特色社会主义、实现中华民族伟大复兴的战略支撑；明确党在新时代的强军目标是建设一支听党指挥、能打胜仗、作风优良的人民军队，必须同国家现代化进程相一致，力争到 2035 年基本实现国防和军队现代化，到本世纪中叶把人民军队全面建成世界一流军队；明确党对军队绝对领导是人民军队建军之本、强军之魂，必须全面贯彻党领导军队的一系列根本原则和制度，确保部队绝对忠诚、绝对纯洁、绝对可靠；明确军队是要准备打仗的，必须聚焦能打仗、打胜仗，创新发展军事战略指导，构建中国特色现代作战体系，全面提高新时代备战打仗能力，有效塑造态势、管控危机、遏制战争、打赢战争；明确作风优良是我军鲜明特色和政治优势，必须加强作风建设、纪律建设，坚定不移正风肃纪、反腐惩恶，大力弘扬我党我军光荣传统和优良作风，永葆人民军队性质、宗旨、本色；明确推进强军事业必须坚持政治建军、改革强军、科技兴军、依法治军，更加注重聚焦实战、更加注重创新驱动、更加注重体系建设、更加注重集约高效、更加注重军民融合，全面提高革命化现代化正规化水平；明确改革是强军的必由之路，必须推进军队组织形态现代化，构建中国特色现代军事力量体系，完善中国特色社会主义军事制度；明确创新是引领发展的第一动力，必须坚持向科技创新要战斗力，统筹推进军事理论、技术、组织、管理、文化等各方面创新，建设创新型人民军队；明确现代化军队必须构建中国特色军事法治体系，推动治军方式根本性转变，提高国防和军队建设法治化水平；明确军民融合发展是兴国之举、强军之策，必须坚持发展和安全兼顾、富国和强军统一，形成全要素、多领域、高效益军民融合深度发展格局，构建一体化的国家战略体系和能力。这"十个明确"纲举目张、高度凝练，是对习近平强军思想核心要义的科学概括，为习近平强军思想的理论大厦构建起"四梁八柱"。习近平强军思想研究中心提出，"十个明确"是习近平强军思想的主体内容，深刻回答了强军兴军的使命任务、目标方向、原则制度、根本指向、战略布局、重要路径等一系列根本性问题。

2019年1月4日，习近平主席在中央军委军事工作会议上，首次提出新时代军事战略思想。习近平军事战略思想是习近平强军思想的重要组成部分。有研究者提出，运用习近平军事战略思想引领作战指导理念创新，关键在于深刻理解习近平军事战略思想中蕴含的立场、观点、方法，来一场作战指导理念创新的方法论革命，运用大时代观、大系统观、大变革观认识和把握作战指导理念。有研究者认为，习近平军事战略思想建立在对世界百年大变局的深刻洞察基础之上，根植于新时代军事斗争的伟大实践，体现了国家由大向强发展关键阶段的战略运筹，深刻回答了"新时代需要什么样的军事战略指导、怎样创新发展军事战略指导"这个重大课题,是党的军事战略指导思想的重大飞跃,是新时代加强军事战略指导的科学指南,是新时代进行军事战略创新的根本遵循。

此外,不少研究者围绕习近平主席对国防和军队建设发展大局的理论判断和战略性规划,比如坚持总体国家安全观、构建一体化国家战略体系和能力、党对军队绝对领导、新时代强军布局、备战打仗等重要方面进行研究,深化了对习近平强军思想的认识理解。

习近平强军思想凝结着我们党领导和建设人民军队的智慧经验,凝结着党的十八大以来国防和军队建设认识和实践成果的升华,体现了理论逻辑、历史逻辑、实践逻辑的有机统一。关于理论逻辑,有研究者认为,习近平强军思想的科学体系可分为三个部分,一是强军的战略需求和使命任务,二是强军的目标追求和关键要害,三是强军的行动纲领和战略举措;有研究者提出,习近平强军思想的立论基础是中国特色社会主义进入新时代,解决的中心课题是如何在新时代建设一支听党指挥、能打胜仗、作风优良的人民军队和世界一流军队,其逻辑展开是对这一中心课题的系统回答。关于历史逻辑,有研究者认为,习近平强军思想从回顾国防和军队建设取得举世瞩目的伟大成就中总结出建军治军基本经验,从回顾思想建党、政治建军的历史进程中概括出政治工作一整套优良传统,等等,体现出历史逻辑与理论逻辑的有机结合;国防大学习近平新时代中国特色社会主义思想研究中心提出,从历史逻辑把握强军兴军这个主题，就要突出问题导向，通过一个又一个具体问题的破解，来回答好新时代建设一支什么样的强大人民军队、怎样建设强大人民军队这个重大问题。关于实践逻辑，理论界普遍认为，习近平强军思想不是抽象的教条，而是指导新时代国防和军队建设的鲜活理论，既在思考现实问题中萌发，又在解决现实问题中发展；还有研究者用一以贯之、统揽全局的政略、战略和建设方略来概括实践逻辑，认为这"三略"解决的是"枪杆子听谁指挥""枪杆子怎么使用""枪杆子怎么锻造"的问题。

4.蕴含丰富的科学方法论。习近平强军思想蕴含着马克思主义的立场、观点、方法，是"人民军队的强军胜战之道"。理论界从丰富拓展马克思主义战争观军事观、创新发展人民战争战略战术和军事斗争艺术、坚持完善我们党的科学思想方法和工作方法等方面，对习近平强军思想蕴含的中国化时代化的马克思主义军事辩证法作了深入阐发。

理论界普遍认为，习近平强军思想的科学方法论包括：战争与和平的辩证法、政略与战略的辩证法、全面与重点的辩证法、返本与开新的辩证法、守底线与创一流的辩证法、部署与落实的辩证法等方面。有研究者认为，习近平强军思想围绕战争与和平、军事与政治、政略与战略、止危与用机、备战与止战、威慑与实战、重点与全局、正合与奇胜等重大关系，作出一系列创造性阐发。强军打赢的科学方法论，展现出独具特色的军事哲学智慧。有研究者研析了新时代强军布局蕴含的辩证法，主要包括强国与强军相统一的辩证法、理论与实践相统一的辩证法、重点与全局相统一的辩证法、势胜与战胜相统一的辩证法、政治与科学相统一的辩证法、守正与创新相统一的辩证法。还有研究者认为，习近平强军思想集中探讨了"强军事业"与"克敌制胜"之间的内在关系，既阐明军事力量建设规律，又阐明军事斗争规律，既阐明军事客观规律，又阐明军事指导规律，揭示了新时代中国军事力量建设和运用的根本规律。有研究者提出，习近平强军思想蕴含着丰富的强军安邦的大智慧，包括战争与和平的对立统一、军事服从政治的不二法则、全面与重点兼顾的统筹方法。

5. 意义深远的原创性贡献。理论界主要从习近平强军思想提出的一系列重大思想观点、总结的一系列规律性认识、回答的一系列重大时代课题等维度，探讨了这一思想的原创性贡献。

有研究者认为，习近平强军思想提出了一系列具有原创性、时代性、指导性的重大思想观点，比如中国特色社会主义进入新时代，国防和军队建设也进入新时代；党在新时代的强军目标是建设一支听党指挥、能打胜仗、作风优良的人民军队，把人民军队建设成为世界一流军队；全面推进军事理论现代化、军队组织形态现代化、军事人员现代化、武器装备现代化，加快机械化信息化智能化融合发展；坚持和完善党对人民军队的绝对领导制度，全面加强新时代我军党的领导和党的建设工作；坚持政治建军、改革强军、科技强军、人才强军、依法治军，全面提高革命化现代化正规化水平；充分发挥政治工作对强军兴军的生命线作用，把理想信念、党性原则、战斗力标准、政治工作威信4个带根本性的东西在全军牢固立起来；全面实施改革强军战略，构建中国特色现代军事力量体系；贯彻新时代军事教育方针，培养德才兼备的高素质、专业化新型军事人才；等等。这些重大思想观点紧密相连、相互贯通，引领我们打开新的认识空间、实践空间。有研究者撰文，从对党、国家和军队发挥的根本作用、从实现途径、从根本政治要求等方面论述了习近平强军思想对党领导和掌握人民军队规律认识的深化；从认识和掌握现代战争规律、探索和运用现代战争指导规律等方面论述了习近平强军思想对现代战争和战争指导规律认识的深化；从战略布局、战略指导、实现路径、重要保障等方面论述了习近平强军思想对国防和军队现代化建设规律认识的深化；从推动练兵备战落到实处，以及全局摆位、工作指导、衡量标准、基点确立、重点把握、组织保证等方面论述了习近平强军思想对军事斗争准备规律认识的深化；从正确处理富国和强军的关系、推进富国和强军协调发展的路径等方面论述了习近平强军思想对富国与强军相统一规律认识的深化。还有研究者认为，习近平强军思想用一系列重大理论原创破解了新时代怎样挽救人民军队的问题，创造性地发展了马克思主义军事理论关于政治建军、军队党建的思想；用一系列重大理论原创破解了新时代怎样以强军支撑强国的问题，创造性地发展了马克思主义军事理论关于军队建设目标任务和建设布局的思想；用一系列重大理论原创力求破解新时代怎样打胜仗的问题，创造性地发展了马克思主义军事理论关于现代战争和备战打仗的思想。

研究特点

党的十八大以来，理论界对习近平强军思想的研究主要表现出政治性与学术性相统一、思想阐释与理论创新相统一、理论指导与军事实践相统一等鲜明特点。

政治性与学术性相统一。习近平强军思想是党的军事指导理论最新成果，既具有鲜明的政治性，也具有严谨的科学性。理论界把学术与政治相结合，运用理论分析展现了这一思想的科学性、原创性、实践性。比如，对习近平强军思想的时代背景、实践基础、理论渊源的系统阐释，对其科学体系、基本内涵的集中概括，既体现了应有的政治高度，也展现出内在的逻辑力量。尤其是理论界通过深入研究习近平强军思想如何在洞察时代的发展变化中创新军事战略指导，如何在创造性回答胜战之问中开辟马克思主义军事理论新境界，如何在引领强军伟业发展中彰显当代军事文明的中国风格、中国气派，展示了较高的用学术讲政治的水平。

思想阐释与理论创新相统一。理论界注重追根溯源、求本探真，对习近平强军思想一些重要理论观点的来龙去脉、精髓要义进行了深入阐释。同时，对习近平强军思想进行系统研究，运用更具本质性、原理性的思想观点阐明国防和军队建设发展面临的重大问题，不断厚植党的军事指导理论根基，推进学科体系、学术体系、话语体系建设和创新。理论界以更宽广的历史观、大局观考察时代变迁，探讨党的军事指导理论最新成果与马克思主义军事理论之间的关系，研究习近平强军思想对马克思主义军事理论的继承和创新发展。

理论指导与军事实践相统一。习近平强军思想作为马克思主义军事理论与新时代军事实践相结合的产物，深刻回答了"新时代建设一支什么样的强大人民军队、怎样建设强大人民军队"的重大理论和实践问题。理论界把抽象的军事理论与丰富的军事实践结合起来，以新时代强军事业成就和军事实践经验为依据，对一些重大军事理论问题作了研究分析。在战略和战术相一致方面，既注重分析习近平主席的顶层谋划，又注重阐述实践抓手，回答了如何从根本上保证官兵的历史主体地位、有效解放和发展战斗力，如何从根本上保证富国和强军相统一、加快构建一体化国家战略体系和能力，如何从根本上纠治和平积弊、提升能打仗打胜仗本领等一系列问题。在认识论和方法论相统一方面，注重分析习近平强军思想更具时代感、现实性的思想方法和工作方法，认为其丰富和发展了军事斗争艺术，为我军夺取军事竞争优势、永远立于不败之地提供了科学原则和策略方法。这些研究成果，既有理论的高度概括，又有实践的有力支撑，使研究阐释具有很强的说服力、感染力。

研究展望

近年来，随着强军实践进程波澜壮阔地向前推进，习近平主席提出了一系列具有原创性、标志性的重大思想观点，把对新时代国防和军队建设的认识提升到了新的高度，亟须通过深化研究，将新的规律性认识纳入习近平强军思想的科学理论体系之中。

进一步加强创新性概括和阐述。当前和未来一个时期，要深化对习近平强军思想的科学性、真理性研究，指引全军官兵更好地向党中央、中央军委和习近平主席看齐追随；深化对习近平强军思想破解的时代课题的研究，有力证明这一思想实现了马克思主义军事理论中国化时代化的新飞跃；深化对习近平强军思想内容体系的研究，进一步彰显这一思想的博大精深；深化对习近平强军思想精髓要义的研究，帮助官兵更好地理解把握这一思想的"神"与"魂"。

进一步加强学理化研究。总的看，理论界对习近平强军思想的研究亮点频出、成果丰硕，但仍然存在学理分析不够的问题。要深化对习近平强军思想各部分各领域的研究，打通本部分本领域思想理论的内在逻辑，同时加强各部分各领域理论相互关系的研究，打通整个强军思想的体系逻辑，用丝丝入扣的逻辑把这一思想内在的"理"凸显出来，使人们深刻感悟到这一思想确实是系统严密、浑然一体的科学理论体系，它的思想理论观点是完全合规律的、有深刻道理的，也是真正管用的。

进一步加强对实践引领作用的阐释。要深入阐释习近平强军思想是科学的理论，深化了我们党对强军胜战等一系列规律的认识，新时代强军兴军的非凡历程彰显了真理指导实践的伟力，我党我军把这一思想写在自己的旗帜上是完全正确的。要深入阐释习近平强军思想是发展的理论，在破解时代之问、实践之问、胜战之问中与新时代相生相成、共进同行，新时代强军兴军的非凡历程彰显了这一思想在守正基础上不断创新的伟力。要深入阐释习近平强军思想是党和人民的理论，指引人民军队始终坚持性质宗旨、践行初心使命，深深扎根于人民之中获得不竭的生命力、创造力和战斗力，新时代强军兴军的非凡历程彰显了这一思想指引人民军队勇毅前行的伟力。

习近平外交思想研究中心课题组

党的十八大以来习近平外交思想研究综述

党的十八大以来，以习近平同志为核心的党中央在推进新时代中国特色社会主义伟大事业的历史进程中，统筹中华民族伟大复兴战略全局和世界百年未有之大变局，继承发扬新中国外交优良传统，深刻思考人类前途命运，领导我国对外工作攻坚克难、砥砺奋进，积极推进外交理论和实践创新，提出一系列富有中国特色、体现时代精神、引领人类发展进步潮流的新理念新主张新倡议，形成了习近平外交思想，走出了一条中国特色大国外交新路，为实现"两个一百年"奋斗目标营造了良好外部环境，为人类进步事业作出了巨大贡献。习近平外交思想鲜明而精辟地回答了中国应推动建设什么样的世界、构建什么样的国际关系、新形势下中国需要什么样的外交、怎样办外交等一系列重大理论和实践问题，是新时代我国对外工作的根本遵循和行动指南。

新时代以来，理论界在学思践悟习近平外交思想中，围绕其丰富内涵、理论品格、时代意义和世界影响，积极开展研究、阐释、宣介，取得了可喜进展和一系列扎实成果。梳理这些成果的发展脉络、厘清其相互联系，对进一步明确研究方向，有效凝聚优质研究力量，继续推进习近平外交思想的学理化体系化研究意义重大，对切实把学习成果转化为工作效能，更有效地武装头脑、指导实践意义重大，对贯彻党的二十大精神、深入推进新时代对外工作意义重大。

一、理论界关于习近平外交思想研究的基本情况

理论界普遍认为，习近平外交思想是马克思主义中国化时代化在外交领域的最新成果，是新中国外交优良传统的继承和发展，是中华文化和中国精神的时代精华。在这一共识引导下，理论界所选取的研究主题、研究视角，以及由此得出的观点结论在宏观层面有显著共性，在具体研究层次和研究地域、研究领域的选择方面则各展所长。

（一）宏观共性

党的十八大以来，理论界关于习近平外交思想的研究集中围绕"是什么？为什么？怎么办？"三个问题展开，并在对习近平外交思想理论渊源、时代背景和实践指导等方面的研究和探索上明显趋同。

理论渊源方面，理论界的研究主要围绕马克思主义和新中国外交

理论与实践经验两条主线展开。有的研究为突出重点，选择了"一条主线 + 中国实际"模式，或认为习近平外交思想是马克思主义中国化的最新产物，或认为是新中国外交实践经验在新形势下的延伸。有的研究认为两条主线同等重要，于是选择了"两条主线 + 中国实际"模式，认为新中国外交实践经验本就源于马克思主义思想，所以习近平外交思想作为新时代的中国外交，二者皆为应有之义。在此基础上，有的研究还结合了中国传统文化的影响。还有的研究以马克思主义、新中国外交实践经验、中国传统文化为支撑，论证习近平外交思想作为马克思主义中国化与时俱进的成果，其形成、发展与核心理念都存在客观必然性。

时代背景方面，理论界的研究主要围绕对"世界怎么了？"和"我们怎么办？"两个问题的探索展开。一种观点是"单向"思维。那些"由外向内"的单向思维研究认为习近平外交思想是中国对世界形势变化的反应。比如，关于"一带一路"倡议的提出背景和深远意义方面的研究，便多集中于国家对外开放的需要以及开展周边合作的需要两方面，也因此更倾向于将"一带一路"倡议界定为区域经济合作问题。那些"由内向外"的单向思维研究则认为，习近平外交思想的提出更多是基于中国自身的需要，而不是对外界形势变化的因应调整。有的研究选择了相反的阐述角度，"由果反推因"，重点分析了中国实施新外交举措后促进区域合作和对外开放的实际效果，反证中国特色大国外交的动力源于自身发展需要。

另一种观点则是"双向"思维，认为变化的不仅仅是外在的世界形势，还包括中国本身国家实力与国际地位的改变。所以，并非先有世界形势的变化再有中国的应对，中国本身就是变化的一部分。正是由于国际力量对比的变化改变了中国看世界的角度与对自身的定位，习近平外交思想才应运而生。由此，有观点认为，中国特色大国外交的"中国特色"在于坚持自身和平发展、促进世界和谐，落脚点在于对中国与世界关系的思考。还有观点认为，构建人类命运共同体的目标在于塑造一种"世界范围内的民主秩序和世界文明"，落脚点在于中国对美好世界的认知。

实践指导方面，理论界研究主要围绕全球伙伴关系网络布局和习近平外交思想核心理念两条线索展开，或以大国、周边、发展中国家、多边等全球伙伴关系网络布局为线，或以人类命运共同体、新型国际关系、"一带一路"倡议等核心理念为线。

值得注意的是，由于习近平外交思想鲜明的时代性与实践性，近年来的研究也体现了中国外交与时俱进的特征和相关理念不断丰富的发展脉络。相应地，研究观点也处于不断发展中，并无确切统一的答案。

（二）微观分流

如果将中国特色大国外交设定为第一层次，将人类命运共同体、新型国际关系和"一带一路"倡议等核心理念设定为第二层次，则可发现以下现象。

一是有的研究停留在第一层次,重点研究对"中国特色"的理解,或者对"大国外交"的认知。比如,有观点认为党的领导和正确义利观是习近平外交思想中最集中的特色;有观点则认为"中国特色"体现在"大国是关键、周边是首要、发展中国家是基础、多边是重要舞台"的战略布局。

二是有的研究停留在第二层次,聚焦某个核心理念的丰富和发展,或者多个核心理念的互动或协同发展,以小见大地体现中国外交的变化。

三是有的研究则从第一层次下沉到第二层次或者从第二层次上升到第一层次。比如,聚焦"一带一路"倡议的研究中,有的观点认为"一带一路"倡议仅是区域经济合作,有的观点认为除了经济还有人文交流,是构建人类命运共同体的路径,还有的观点则认为它在经济和人文交流而外还有政治和安全等更丰富的内涵,并最终服务于中国特色大国外交的目标。

研究地域与领域的选取方面,则呈现既有专门性研究,更有复合交叉性研究的多样化现象。

"地域"指的是结合全球伙伴关系布局划分的大国、周边、发展中国家、多边等区域。围绕"大国"的研究集中分析中美、中俄、中欧等区域国别的外交关系自党的十八大以来的关系变化,体现出新时代中国外交的发展轨迹。通过与传统大国外交作对比,分析中国特色大国外交不同于传统西方国家大国外交的特点。围绕"周边"的研究,有的观点立足于国家发展需要与外部形势，提出"大周边"概念，并紧密结合"一带一路"倡议在"大周边"的接受程度与实施进展作政策分析。还有的观点从价值观层面将习近平外交思想中的周边外交总结为时代观、文化观、义利观、近邻观、安全观和国家利益观的复合体。围绕"发展中国家"的研究集中在"一带一路"倡议与构建人类命运共同体两方面。"多边"方面的研究则主要通过中国在多边组织平台的参与，展现推动全球治理体系改革和建设的努力。

上述专门性研究主要将相应的地域视作工作对象进行思考。除此之外，有的研究则将地域视作载体和工具，重点论述习近平外交思想理论层面的内容。比如，有学者以大国、周边、多边等地域研究为载体，整体呈现党的十八大以来新时代中国外交取得的理论与实践成就。又如，有的观点认为哪怕"一带一路"倡议是区域经济合作安排，但在考虑推进过程中需要处理好的国家关系时，同样按照大国、周边、多边的地域方向考虑。

"领域"既包括经济、安全、法律等学科领域，还包括海洋、网络空间、太空等国际关系新疆域。这样的划分多体现在跨学科复合型研究中。其突出的特点是该研究往往体现的是该领域的特点而非外交的特点。外交在分析中的作用更像服务于该领域研究的桥梁和工具。由是，才有了诸如"实现人类命运共同体的关键就在于经济共同体的发展"这样领域特征鲜明的观点。此外，还有的从学科领域切入对习近平外交思想作理论分析的优秀成果。比如，有学者从国际法角度认为人类命运共同体是中国对国际法国际社会基础的重新认识，创新和发展；哲学理论界的学者深入探讨了习近平外交思想的哲学基础，从马克思主义哲学等角度揭示"人类命运共同体"的深层思想根据，继而形成了"习近平外交哲学"的理论探讨，认为习近平外交思想体现了大局观、全局观、目的观、为民观、和平发展观和外交道路观；有研究从社会学、政治学角度将人的流动、人类命运共同体与全球治理紧密相连。

复合型研究方面，数量最多的是地域与领域的双复合。比如，"一带一路"合作框架下中国与某区域国家或国家群体开展经贸往来的政策研究；研究周边外交如何践行习近平外交思想的新安全观；以某个具体领域（金融）支撑"一带一路"的作用为研究起点，以探索该领域如何随"一带一路"建设的推进得到更好的发展为落脚点；在发展经济学视角下研究"一带一路"建设与可持续发展。然后是以参与主体的不同国家类别与领域的双复合。比如讨论新兴经济体参与"一带一路"建设的经济贸易合作情况。还有不同领域之间的双复合。比如，探讨构建海洋命运共同体的法治路径，就是海洋与法律不同种类领域间的复合。

学术界还有数项影响较大的研究成果值得关注。一是共生型国际关系研究。它涵盖了其他将习近平外交思想与中华文明、中国文化相结合的研究。比如，有的观点认为习近平外交思想是中国传统文化和合思想的紧密结合和体现；有的认为人类命运共同体的和合思想渊源是世界接受中国和平崛起的重要理由；有的认为共生型国际关系体现了构建新型国际关系的意义——避免出现全球性结盟分裂对抗。

二是对党的十八大以来中国外交风范的研究。有的观点立足发展阶段和发展时期，提出"中国外交进入了奋发有为新常态"，从此大国外交从"针对大国"的外交到"我是大国"的外交。有的观点立足十八大以来中国领导人成长的时代背景，认为这一届领导人"对于作为一个大国的责任和机会想得更多"。

三是认为中国特色大国外交是中国向世界证明自己和平崛起的方式。该观点认为中国的快速发展引起了世界的高度关注，其中最为关注的是中国强大了要干什么、如何干。作为不走传统大国崛起道路宣示的实践，中国主动提出与美国构建不冲突不对抗、相互尊重、合作共赢的新型大国关系。同时，也通过倡导和共建"一带一路"，破除人们对中国会实施扩张性战略的疑虑。关于习近平外交思想时空观的研究就为此观点提供了佐证。比如，有的学者研究"一带一路"理念对世界历史在时间和空间两个维度的贡献；有的研究新型国际关系在时间和空间双维度推进全球治理的公平正义。此外，还有的研究选择了反向思维，通过梳理国际社会对"一带一路"倡议的评价和主要观点，换位思考当前面临的主要挑战。

尤其值得一提的是，为进一步加强习近平外交思想的研究、阐释和宣介，经党中央批准，习近平外交思想研究中心成立仪式于 2020 年 7 月

20 日在北京举行。在研究中心主任王毅国务委员兼外交部长的亲切关怀下，在外交部党委领导和中宣部指导下，研究中心坚持以习近平新时代中国特色社会主义思想和习近平外交思想为指引，全力做好习近平外交思想理论化和体系化研究，紧密围绕党和国家重大政治议程安排，在权威媒体平台及时发声，加强建设专题网站与专题陈列室，加大习近平外交思想的国际传播，在建设习近平外交思想的国家研究基地和权威研究平台方面取得重要进展，发挥了显著的学术影响力、社会影响力和国际影响力，已成为中国外交的一项重要成就。

二、习近平外交思想研究核心内容综述

党的十八大以来，在习近平外交思想科学指引下，中国外交在全球变局中开创新局，在世界乱局中化危为机，不断开创新时代中国特色大国外交新局面。与此同时，理论界围绕习近平外交思想的研究呈现多角度、多方位、多层次的显著特点，涌现出大量研究成果，主要聚焦以下六个方面。

（一）加强党对对外工作的集中统一领导

习近平总书记指出："办好中国的事情，关键在党。"党的领导是中国外交取得历史性成就的根本所在。党的十八大以来，在以习近平同志为核心的党中央统一领导和部署下，党对对外工作的集中统一领导体系

更加完善，顶层设计更加科学，战略谋划日益加强，制度体系不断完善，统筹协调更加有力，对外工作大协同更加顺畅，服务发展大局更加高效，推动对外工作不断迈上新台阶。理论界研究凸显"高"的特征，即政治站位高、思想认识高、研究水平高，具体体现在以下四个方面。

从领导能力来看，党的集中统一领导是中国外交取得历史性成就的根本所在。中国共产党是具有强大领导力和创造力的马克思主义政党。党中央的权威和集中统一领导，保证了革命、建设、改革顺利推进，保证了党的执政地位稳固和国家长治久安。学者们普遍认为，党的卓越领导能力首先体现在党拥有坚强有力的领导核心，要深刻领悟"两个确立"的决定性意义，增强"四个意识"、坚定"四个自信"、自觉做到"两个维护"。其次，党始终坚持辩证唯物主义和历史唯物主义，科学运用马克思主义立场观点方法，将马克思主义基本原理同中国特色大国外交实践相结合。最后，党积极汇集人民群众的智慧和力量，发挥强大的组织力凝聚力，发展最广泛的爱国统一战线，为中国外交提供坚强支持。

从体制机制来看，强化顶层设计，确保党中央战略意图的落实，是顺利推进新时代中国特色大国外交的关键。"外交是国家意志的集中体现，必须坚持外交大权在党中央。""党的集中统一领导是中国外交的最大政治优势。"学者们普遍认为，党的十八大以来，我国对外工作体制机制改革取得重大成就。党中央进一步加强对外工作的顶层设计、战略谋划和统筹协调，制度体系不断完善，对外工作队伍建设进一步优化，全国对外工作"一盘棋"意识显著增强。此外，有学者还用"统一领导、归口管理、分级负责、协调配合"来总结党领导我国对外工作的体制机制原则，重点研究我国对外工作的系统设计。

从鲜明特色来看，党领导下的对外工作不断展现新气象、开创新境界，展现出独特而亮丽的风景线。有学者认为，在习近平外交思想引领下，中国特色大国外交取得了历史性成就，这充分彰显了党对对外工作集中统一领导的科学性、时代性、人民性和导向性。党的十八大以来，以习近平同志为核心的党中央坚持马克思主义立场观点方法，准确判断当今世界大势和时代发展潮流，准确把握我国发展新的历史方位，领导中国外交始终坚持外交为民、坚持以实现中华民族伟大复兴为使命，始终站在世界发展和人类进步的制高点上，坚定奉行独立自主，推动和平发展，倡导合作共赢，塑造了中国外交独特风范。

从实施路径来看，当前我国对外工作面临更加复杂的形势和更加艰巨的任务，要更好加强党对对外工作的集中统一领导。理论界普遍认为，做好新时代对外工作，必须毫不动摇地坚持外交大权在党中央，不折不扣地贯彻落实以习近平同志为核心的党中央制定的对外方针政策和决策部署。有学者指出，要"不断提高外交为巩固党的执政地位、维护国家改革发展稳定大局服务的政治自觉"。还有学者认为，应"不断完善对外工作体制机制""坚持不懈抓好对外工作队伍建设""积极健全涉外工作法治建设，更好加强党对对外工作的集中统一领导"。

（二）推动构建人类命运共同体

党的十八大以来，习近平总书记站在人类历史发展进程的高度，深入思考"建设一个什么样的世界、如何建设这个世界"等关乎人类前途命运的重大时代课题，高瞻远瞩地提出构建人类命运共同体重要理念，给出了回答和解决当今世界面临的时代之问的中国方案。人类命运共同体理念的提出引发理论界的广泛关注和研究热潮。基于中国知网（CNKI）和读秀学术搜索统计，党的十八大以来，国内各类刊物共发表人类命运共同体研究主题论文近 5000 篇，出版书籍 139 本。在论文转载方面，新华文摘（网络版）转载 36 篇、中国人民大学复印报刊资料转载 144 篇。在课题立项方面，国家社科基金资助各类项目立项 193 种，其中重大项目 30 种。目前，理论界对人类命运共同体理念的研究主要聚焦其历史逻辑、理论逻辑、价值逻辑和实践逻辑四个方面，突出体现了研究的"全"，即系统性和全面性。

从历史逻辑来看，和平与发展是人类的共同愿望，构建人类命运共同体是顺应世界历史发展趋势的必然要求。纵观人类历史发展进程可以看出，随着前途和命运联系的日益紧密，各国逐渐从零和博弈关系逐步走向正和的共存共生关系，和平、发展、合作、共赢的时代潮流更加强劲。当今世界充满不确定性，人们对未来既寄予期待又感到困惑。有学者指出，人类命运共同体"是人类文明高度发展的样式和结果""是破解世界难题的实践智慧"。针对国外一些学者和媒体对构建人类命运共同体的认知误区，不少学者撰文指出，构建人类命运共同体并不意味着要消除国家之间的差异，更不是忽视主权国家的国际地位，而是强调尊重各国的发展权利，实现共赢共享，体现了人类社会发展的历史逻辑和时代需要。

从理论逻辑来看，构建人类命运共同体是当代中国对世界的重要思想和理论贡献，成为中国引领时代潮流和人类文明进步方向的鲜明旗帜。党的十八大以来，人类命运共同体思想逐渐形成内涵丰富的理论体系，习近平总书记在一系列重大国际场合多次深刻阐述构建人类命运共同体重要理念的丰富内涵，提出建设一个持久和平、普遍安全、共同繁荣、开放包容、清洁美丽的世界。理论界对人类命运共同体理论的研究不仅仅局限于国际关系学范畴，还逐渐拓展到马克思主义哲学、政治经济学、社会学等学科，从不同视角阐释人类命运共同体这一既灵活开放又逻辑自洽的科学思想体系，就思想渊源、客观环境、基本原则、战略规划、国际传播等多个维度进行较为立体丰富的研究，并对构建人类命运共同体思想为世界和平安宁、共同发展和文明交流互鉴作出的贡献达成理论共识。

从价值逻辑来看，构建人类命运共同体反映了人类社会的共同价值追求，汇聚了世界各国人民对和平、发展、繁荣向往的最大公约数。有学者指出，"构建人类命运共同体既是利益融合的过程，也是凝聚价值共识的过程"。人类命运共同体理念揭示了世界各国相互依存和人类命运紧密相连的客观规律，超越了国家、民族、文化、意识形态界限，反映了和平、发展、公平、正义、民主、自由的全人类共同价值，揭示了人类命运共同体理念深邃的价值内涵，"是小康与大同的结合""是中国与世界的融合"。理论界普遍认为，人类命运共同体理念从倡议到共识再到落地生根，契合各国人民的共同价值和精神追求，用智慧之光领航世界发展，用真理之光指引人类前行。

从实践逻辑来看，人类正处在一个挑战层出不穷、风险日益增多的时代，构建人类命运共同体是应对全球性问题的必由之路。当今世界正经历百年未有之大变局，国际形势不稳定性不确定性明显增进，世界经济复苏乏力，全球治理困境错综复杂。推动构建人类命运共同体为解决人类重大问题贡献了中国智慧、中国方案、中国力量，是新时代中国外交的总目标。学术界就构建人类命运共同体的丰富实践开展了大量研究，主要集中于三个方面：一是研究以网络、生态、海洋、公共卫生等为主题，诠释人类命运共同体的实践路径；二是研究中国与某一区域构建的多边命运共同体的发展历程、合作领域、重要意义，如中阿命运共同体、中拉命运共同体、中国—中亚命运共同体等；三是研究中国与其他国家构建的双边命运共同体，如中老命运共同体、中巴命运共同体、中埃命运共同体等。

（三）推动建设新型国际关系

当前，世界多极化、经济全球化、社会信息化、文化多样化深入发展,在复杂变幻的国际关系中,各国应如何相处,应遵循什么样的准则,构建什么样的国际关系,这一直是近现代国际关系史上的重要课题。习近平总书记提出,推动建设相互尊重、公平正义、合作共赢的新型国际关系。这既是顺应时代发展潮流的必然选择,也是构建人类命运共同体的现实路径,反映了中国人民和世界人民的共同心愿,具有重大理论和现实意义。理论界对推动建设新型国际关系的研究主要聚焦对"新"的研究,并具体体现在以下4个方面。

从理论内涵来看,建设新型国际关系的实质是要走出一条国与国交往的新路,需要牢牢把握相互尊重、公平正义、合作共赢三个关键词。推动建设新型国际关系,相互尊重是前提,公平正义是准则,合作共赢是目标,三者有机结合,成为新型国际关系的时代诠释。有学者指出,当前西方国家在全球经济总量中的占比已从第二次世界大战结束之初的70%下降为30%,而发展中国家和新兴经济体占比为60%,国际力量对比的变化成为构建新型国际关系的根本基础,越来越多全球性挑战的出现亦凸显了建设新型国际关系的迫切。理论界普遍认为,建设新型国际关系致力于改变"国强必霸"的国际关系旧思维和不合理的国际政治经济秩序,强调尊重彼此的核心利益和重大关切,尊重彼此发展道路、发展模式和发展权利,在国际交往中突出过程和结果的公正性,以互利共赢的正向激励引领深化国际合作。

从基本原则来看,建设新型国际关系遵循国际关系和国际法的基本准则，具有鲜明的中国特色和普遍的世界意义。建设新型国际关系主张各国和各国人民应该共同享受尊严、共同享受发展成果、共同享受安全保障，是中国特色大国外交理论与实践创新的重大成果，是国际社会共同应对困难和挑战的正确选择。理论界普遍认为，新中国始终高举和平、发展、合作、共赢旗帜，在和平共处五项原则基础上拓展同各国友好合作，积极推动构建新型国际关系，这是对新中国外交优良传统的继承和发展。有学者指出，"新型国际关系坚持和践行联合国宪章宗旨和原则，倡导国家不分大小、强弱一律平等，秉持正确义利观，将国家利益置于人类整体利益的大框架下"，不断深化国际合作。

从理论贡献来看，建设新型国际关系是构建人类命运共同体的前提和路径，为国际社会实现持久和平与共同繁荣开辟了新前景。推动建设新型国际关系是在审视近现代国际关系发展历程中经验和教训的基础上，对国与国关系发展和人类社会前进方向作出的前瞻性思考。学者们普遍认为，建设新型国际关系继承和发展了马克思主义国际关系理论关于国家如何相处、世界如何发展的思想，结合时代发展特征，推动了马克思主义中国化时代化的创新发展。它彻底摆脱了零和博弈、赢者通吃等旧思维的束缚和局限，以开放包容的建设性路径促进国家目标的实现，以协调合作的建设性方式促进国际关系的优化，实现了对传统国际关系的历史性超越，为推动国际秩序朝着更加公正合理的方向发展提供了新思路，开辟了中国与世界各国合作共赢的崭新局面。

从实践路径来看，坚持以深化外交布局为依托打造全球伙伴关系，是推动构建新型国际关系的新路径和通向人类命运共同体的新起点。党的十八大以来，我国对外关系不断拓展深化，全方位、多层次、立体化的对外工作布局日益发展完善。我国积极发展全球伙伴关系，扩大同各国的利益交汇点，截至 2021 年 12 月，中国已同 181 个国家建立外交关系，同 112 个国家和国际组织建立不同形式的伙伴关系，凝聚和平发展的合力。理论界主要围绕大国关系动态形势，研究推进大国协调合作，构建总体稳定、均衡发展的大国关系框架的成果；关注周边外交形势，探讨秉持亲诚惠容的周边外交理念，打造周边命运共同体的新进展；聚焦发展中国家关系等，秉持正确义利观和真实亲诚理念，探索加强同发展中国家团结合作的路径。与此同时，还有学者关注建设新型国际关系对推动全球和地区热点问题解决发挥的积极作用，如气候问题、中东领土争端、伊核问题等。

（四）积极参与全球治理体系改革和建设

当今世界正经历百年未有之大变局，世界进入新的动荡变革期，全球治理体系正面临深刻重塑。党的十八大以来，在习近平外交思想指引下，中国秉持共商共建共享原则，以更加积极的姿态参与全球治理体系改革和建设，推动建立更加公正合理的国际政治经济新秩序。全球治理的相关研究受到国内理论界的高度重视，整体呈现出"广"的特点，即研究议题广、学科范畴广、传播范围广。

　　据笔者统计，党的十八大以来，仅论文标题中包含"全球治理"字样的学术论文，被中文社会科学引文索引（CSSCI）收录588篇。值得注意的是，另有90篇全球治理相关主题的论文被中国科学引文数据库（CSCD）数据库收录，说明研究已跨越传统意义上的社会科学领域，逐步向自然科学领域扩展。在Web of Science平台上以"Global Governance"为主题搜索发现，党的十八大以来，国内学术机构发表的国际学术论文共1530篇，相关论文总数位列世界第6，国际影响力显著增强。与此同时，国内以全球治理相关议题为主题的学术研讨会数量不断增加，学者们在一些关键领域开展了大量研究，为提升中国全球治理主张的国际话语权和影响力提供了重要理论阐释和实证依据。目前研究主要分成三大领域，即全球治理理论、推动全球治理体系变革的中国方案、加强全球治理的实践。

　　从全球治理理论来看，当前全球治理赤字进一步凸显，国际格局重构加剧，建立新的治理机制迫在眉睫，一系列重大理论问题亟待解决。全球治理研究涵盖基础理论、具体议题、治理主体、规则体系、治理过程等多层次问题。在百年变局背景下，全球治理正面临大国责任缺位导致全球公共产品供给匮乏，信任赤字阻碍国家间沟通与合作，共识减少冲击全球治理的理念基础，制度弱化降低全球治理体系效能等重大风险挑战。党的十八大以来，理论界主要围绕全球治理失灵与秩序理念原则重建、全球治理规则体系的演化与治理工具的创新、新兴经济体在全球治理中的话语权和规则制定权、国家治理与全球治理的协调机制、非国家行为体在全球治理中的角色等问题开展理论研究。学者们普遍认为，已有的全球治理体系及其参与方式亟须调整和重塑，需要推动多学科交叉分析把握全球治理体系的演变规律和发展趋势。

从全球治理体系变革来看，中国深入分析国际形势的演变规律，顺应互联互通的世界大势，积极做全球治理变革进程的参与者、推动者、引领者。当前，全球治理体制变革正处在历史转折点上，人类社会再次面临何去何从的历史当口。随着综合国力的不断提升，中国更加积极、深入地参与全球治理体系改革和建设，在国际秩序和体系中发挥越来越重要的作用。理论界研究主要聚焦以下三个方面：一是研究联合国在全球治理体系中的核心作用和中国维护以联合国为核心的国际体系、以国际法为基础的国际秩序、以联合国宪章宗旨和原则为基础的国际关系基本准则的坚定立场，维护和践行真正的多边主义；二是研究中国的发展观、安全观、文明观、合作观和全球治理观对创新全球治理理念和应对全球治理赤字的重大意义；三是结合新发展阶段的新形势和新要求，研究我国提高参与全球治理能力和优化人才培养机制的路径。

从全球治理实践来看，中国始终是国际合作的倡导者和多边主义的支持者，愿与国际社会一道共同应对人类面临的各种挑战和全球性问题。习近平总书记指出："站在新的历史起点，中国将坚持走和平发展之路，始终做世界和平的建设者；坚持走改革开放之路，始终做全球发展的贡献者；坚持走多边主义之路，始终做国际秩序的维护者。"理论界对全球治理实践展开广泛而深入的议题研究，包括全球经济治理、全球安全治理、网络空间治理、全球环境治理、公共卫生治理和以生物、深海、极地、外空为代表的"新疆域治理"等。与此同时，学者们还特别关注中国在全球治理机制中的角色和作用，如参与并引领二十国集团合作、积极推动亚太区域合作、推动金砖合作机制发展、改革完善国际贸易投资、金融治理机制和架构等，并研究中国在参与国际和地区热点问题解决中发挥的建设性作用。

（五）积极促进"一带一路"国际合作

"共建'一带一路'是习近平总书记深刻思考人类前途命运以及中国和世界发展大势，推动中国和世界合作共赢、共同发展作出的重大决策。"实施以来，在以习近平同志为核心的党中央坚强领导下，"一带一路"建设取得一系列实打实、沉甸甸的成就，推动我国对外开放水平不断提高、朋友圈越来越大、共同发展的道路越来越宽，开创我国与共建国家互利共赢的积极局面。党的十八大以来，理论界"一带一路"研究热度始终不减，呈现亮点纷呈的局面。学术研究可用"多"来概括，即学术成果多、涉及领域多。据中国知网（CNKI）统计，仅篇名中包含"一带一路"的论文就有3.88万篇，学位论文3255篇，国内外会议报告1542篇。通过综合分析可以发现，理论界对"一带一路"的研究主要集中在以下四个方面。

从理论创新研究来看，共建"一带一路"倡议，旨在传承丝路精神，促进共商共建共享，是对中国外交理论的创新发展。在推进"一带一路"建设过程中，习近平总书记深刻洞察历史趋势，顺应时代潮流，提出了"丝路精神"重要理念，即和平合作、开放包容、互学互鉴、互利共赢。这既是对古丝绸之路这一人类历史文明发展成果的传承与弘扬，也为人类社会破解发展难题提供了现实选择。有学者通过分析丝路精神的传统文化内涵、价值导向和实践意义，对丝路精神的实质进行体系化阐释。另有学者据此将研究范围拓展至"一带一路"的历史渊源、理论基础、地缘格局、重大意义等范畴。此外，还有学者聚焦共商共建共享原则，认为共商共建共享不仅成功推动"一带一路"建设不断取得新突破，还打通了中华传统文化的处事之道与全球治理理论的联系，有力提升了中国理念的国际影响力和感召力。

从区域国别研究来看，共建"一带一路"是中国在全球化进程中提出的重要国际合作方案，是推动构建人类命运共同体的重要平台。截至2022年3月，"一带一路"大家庭成员已达到181个，众多品牌合作项目顺利推进，中老铁路、以色列海法新港等重大项目顺利竣工，中巴经济走廊、希腊比雷埃夫斯港、印尼雅万高铁、匈塞铁路等建设运营稳步开展，这些项目成为理论界研究"一带一路"的典型案例。有学者认为，共建"一带一路"国家数量多，各国家国情差异较为明显，需要加强对各国基本国情的了解和未来经济、社会发展趋势的预测。一些学者据此进一步探讨"一带一路"项目如何更好"落地生根"的问题，认为应妥善消除质疑和误解，探索减轻"一带一路"合作推进阻力的有效途径。

从多学科视角研究来看，"一带一路"是全方位、立体化、网络状的大联通，是通过多领域合作促进共同发展、实现共同繁荣的合作共赢之路。共建"一带一路"，关键是实现互联互通，通过政策沟通、设施联通、贸易畅通、资金融通、民心相通，打造"六廊六路多国多港"互联互通架构，完善陆、海、天、网"四位一体"互联互通布局，将"一带一路"建成和平之路、繁荣之路、开放之路、创新之路、文明之路，与共建国家共创共享发展机遇。理论界对"一带一路"研究领域相当广泛，以"五通"为研究基础，探讨陆海贸易通道、投资环境与风险管理、国土资源空间布局、区域生态特征、跨境物流、旅游合作、医药合作、教育对外开放、文化传播、舆情分析等，多角度研究推动建设合作共赢开放体系的中国方案。

从高质量发展路径研究来看，统筹考虑和谋划构建新发展格局和共建"一带一路"，把支持联合国 2030 年可持续发展议程融入共建"一带一路"。当前世界百年未有之大变局正加速演变，共建"一带一路"的国际环境日趋复杂，推动"一带一路"高质量发展任重道远。近年来，理论界对高质量共建"一带一路"研究不断增多，主要结合新发展阶段的新形势新要求，探讨做好基础设施"硬联通"和规则标准"软联通"、实施更大范围、更宽领域、更深次对外开放的路径，为实现高标准、可持续、惠民生的目标出谋划策。鉴于共建"一带一路"倡议与联合国2030年可持续发展议程方向高度一致，有学者撰文指出，二者相互对接有利于实现协同增效，是中国与世界各国人民一道面对未来人类生存和发展挑战的积极尝试。

（六）坚决维护国家主权、安全、发展利益

面对波谲云诡的国际形势、复杂敏感的周边环境、艰巨繁重的改革发展稳定任务，"维护国家主权、安全、发展利益是我国对外工作的出发点和落脚点，是中国外交的神圣使命。"党的十八大以来，国家安全的理论化、系统化研究不断受到重视，总体国家安全观的提出有力推动了大安全格局的构建，中国正在走出一条中国特色国家安全道路。理论界研究突出体现为"实"，即抽象理论研究较少，多将坚决维护国家主权、安全、发展利益作为落实总体国家安全观的举措，研究阐释中国外交捍卫国家利益的目标和敢于斗争、善于斗争的决心，并探讨共同、综合、合作、可持续的安全观的实践路径。

从统筹发展与安全来看，发展呼唤安全的坚强保障，安全需要发展的实力支撑，新形势下要实现高质量发展与高水平安全的良性互动。习近平总书记指出，"保证国家安全是头等大事"，要做好新时代国家安全工作，"必须坚持总体国家安全观"。党的十八大以来，以习近平同志为核心的党中央贯彻总体国家安全观，坚持以人民安全为宗旨，以政治安全为根本，以经济安全为基础，成功应对了一系列重大风险挑战，保持了我国国家安全大局稳定。国家安全和发展相互依存，"发展是党执政兴国的第一要务，是解决中国所有问题的关键。"理论界普遍认为，面对新发展格局提出的新要求，要更好处理开放、发展、安全间的关系，善于运用发展成果夯实国家安全的实力基础，塑造有利于经济社会发展的安全环境，实现发展与安全的动态平衡。

从维护国家利益来看，果断处置涉及我国核心利益的重大事件，把维护国家安全的战略主动权牢牢掌握在自己手中。习近平总书记指出，对外工作，要坚持以国家核心利益为底线维护国家主权、安全、发展利益。建设社会主义现代化国家，实现中华民族伟大复兴，是中华民族的最高利益和根本利益。理论界多聚焦传统安全与非传统安全议题，探讨应对国家安全风险挑战的路径。在传统安全领域，通过对"两个确立""四个意识""四个自信""两个维护"的政治领悟与学术阐释，突出政治安全在国家安全中的根本地位。研究台湾问题、涉港、涉澳问题、涉藏问题、涉疆问题、南海问题的历史渊源和解决之道，坚定维护国家主权和国土安全。在非传统安全领域，包括国际关系研究人员和多领域业内人士在内的学者，就经济金融、网络、生物、海外利益、生态等领域安全风险进行识别、评估，并探讨风险挑战的应对之策。

从敢于斗争、善于斗争来看，继承和弘扬新中国外交的优良传统和鲜明特色，勇于战胜一切风险挑战，不断取得新胜利。敢于斗争是中国共产党的鲜明品格，"认识并运用社会矛盾规律，坚持斗争、不懈斗争、在斗争中前进，是中国共产党人的本色。"理论界多基于对百年党史的分析，阐释党领导中国外交在处理重大事件的策略方法和斗争艺术，探寻中国外交敢于斗争、善于斗争的根源、底气和力量，并通过案例分析新形势下如何在斗争中争取团结、谋求合作、争取共赢。一些学者侧重于研究斗争能力，如政治能力、调查研究能力、科学决策能力、改革攻坚能力等，为取得斗争胜利夯本固基。

三、习近平外交思想研究努力方向

当前，理论界关于习近平外交思想的研究已经取得了可喜成就，为相关领域研究的拓展和深化乃至促进跨学科对话提供了有力学理支撑，也为普通群众理解国家对外政策入脑入心作出重要贡献。同时也要看到，在对习近平外交思想学深悟透特别是理论体系构建和核心概念解读方面依然存在广阔空间。

（一）理论构建的短板

关于习近平外交思想的整体性、系统性、学理性构建工作，理论界作了不少探索和努力，但尚须凝聚研究合力。比如，在宏观认知上，有的研究认为中国特色大国外交理论体系由地域与领域的七部分构成；有的研究认为习近平外交思想主要由十个核心理念组成；有的研究认为习近平外交思想数个核心理念之间存在递进关系，不宜并列研究；还有的观点认为习近平外交思想属于国际战略思想；有的研究认为理论界应当遵循人文社科理论研究的一般性路径，从问题化、方法化、概念化、体系化 4 个维度递进推动习近平外交思想学术话语体系的建构。

在微观概念解读上，有的研究试图为人类命运共同体理念搭建起政治学的理论逻辑，进行发展过程的阶段性划分，并归纳了不同阶段的特点；有的研究认为"一带一路"建设是跨境次区域合作，区别于有既成理论体系的"跨国区域合作"，在对比中析出特点；有的观点认为包括"一带一路"建设和人类命运共同体在内的外交理念创新难以用传统的全球化理论解释，而是中国关于"互联互通"世界的国际治理思考。

（二）亟待深化研究的内容

以"全人类共同价值"与"全球发展倡议"为代表的核心新理念是接下来开展习近平外交思想研究的重点。

由于提出时间在前，全人类共同价值的主题研究比全球发展倡议丰富得多。早期研究多将其与"价值观"相联系。有的观点认为中国提出全人类共同价值的目的在于"应对人类共同挑战"；有的学者认为国内的社会主义核心价值观反映了人类自由发展的需要，是国际层面人类共同价值的完整表达。

后续研究开始探索全人类共同价值与"一带一路"倡议、人类命运共同体等其他核心理念之间的联系。比如，有的观点将全人类共同价值视作构建人类命运共同体的前提条件之一，认为只有基于共同价值的"同理",方能实现发展利益分配的"同利";有的研究则认为全人类共同价值源于人类命运共同体;还有的研究从与西方"普世价值"的区别中认识全人类共同价值;有学者认为价值观的传播不该是单向输出,各国应携手构建一个开放的思想市场,相互交流、碰撞、磨合。

加强国际传播能力建设对于习近平外交思想的研究至关重要。理论界对此有许多思考。一是关注国际传播能力的主要影响因素。或认为传播能力的提升有赖于坚实的理论建构基础;或认为国际传播应紧密贴合国际地位的变化,积极把握主动;或立足效果导向思维,认为关键要提高国际传播影响力、中华文化感召力、中国形象亲和力、中国话语说服力、国际舆论引导力。二是关注话语表述问题,认为为了减少外界疑虑,不宜将话语表述"战略化";重点要讲好"中国政治故事"、"中国经济故事"和"中国文化故事"。三是关注话语体系构建,认为从"和平崛起"到"和平发展"再到"中国梦"的提出,是向世界表明中国智慧的创新性话语表述。此外,还有学者关注境外对"一带一路"倡议与马歇尔计划的类比,有理有据地说明不能将二者简单对立,它们虽然存在一定的共性,却有根本区别。

国内国际受众不同,习惯的话语体系、舆论环境和文化背景等方面差别巨大。习近平外交思想的理论研究要用领导人生动的外交实践说话,用有说服力的数据和事实说话,用能打动人心的故事说话,既不能被国外受众习惯的方式带偏,陷入西方话语体系的逻辑陷阱中,也不能完全自说自话。要二者兼顾，以让受众听得懂、记得住、传得开的方式传播中国可信、可爱、可敬的形象，不断提升中国的国际影响力和感召力。

（执笔：于江、吴晓丹、张伟鹏、张馨）

杨德山 ┃ 复旦大学马克思主义学院教授、博士生导师

崔　猛 ┃ 中国人民大学马克思主义学院

习近平总书记关于全面从严治党的战略方针
重要论述研究述评

　　党的十九届六中全会通过的《中共中央关于党的百年奋斗重大成就和历史经验的决议》，用"十个明确"对习近平新时代中国特色社会主义思想的核心内容作了进一步概括。其中，"第十个明确"强调要坚持"全面从严治党的战略方针"。党的十八大以来，习近平总书记反复强调，要坚持党要管党、全面从严治党，提出新时代党的建设总要求，全面推进党的政治建设、思想建设、组织建设、作风建设、纪律建设，把制度建设贯穿其中，深入推进反腐败斗争，落实管党治党政治责任，以伟大自我革命引领伟大社会革命。理论界围绕习近平总书记关于全面从严治党

的战略方针重要论述进行了多方面研究，形成了一系列重要理论研究成果。

研究重点

党的十八大以来，理论界对于习近平总书记关于全面从严治党的战略方针重要论述的研究主要集中在以下几个方面。

1.关于新时代党的建设总要求的研究。习近平总书记在党的十九大报告中提出了新时代党的建设总要求，理论界对于这一重要论述的研究主要聚焦于其生成逻辑、科学内涵和基本特征三个方面。一是生成逻辑。邱乘光在《深刻理解和把握新时代党的建设总要求》一文中认为，"新时代党的建设总要求"的提出，立足于中国特色社会主义新时代这一历史方位，着眼于新时代中国共产党人所担负的历史使命，从党的领导高度定位与审视，为全面推进新时代党的建设新的伟大工程提供了根本遵循。二是科学内涵。张星星的《全面落实新时代党的建设总要求》等理论文章认为，习近平总书记关于新时代党的建设总要求重要论述蕴含着党的建设的根本原则、指导方针、鲜明主线、总体布局、任务要求、根本目标等核心内容，体现了其内在的科学性和整体性，是引领新时代党的建设新的伟大工程的总纲领。三是基本特征。方涛、郭文亮等的《论新时代党的建设的新要求》通过比对党的十八大报告与党的十九大报告，指出党的十九大报告增加了"全面""长期"两个关键词，党的建设总体布局更新为"5+1+1"，将"马克思主义执政党"的目标定语调整为"始终走在时代前列、人民衷心拥护、勇于自我革命、经得起各种风浪考验、朝气蓬勃的"等，认为这些变化集中体现了以习近平同志为核心的党中央对新时代党的建设的顶层设计、系统思考和科学谋划，具有思想性、理论性、指导性、系统化的鲜明特征。

2. 关于新时代党的建设总体布局的研究。习近平总书记在党的十九大报告中提出了新时代党的建设总体布局，将政治建设、思想建设、组织建设、作风建设、纪律建设作为党的建设总体布局的基本要素，将制度建设和反腐败斗争作为具有特殊意义的构成要素贯穿其中，这是党的建设的重要支撑和有力抓手。理论界从历史演进与科学定位、结构关系、基本特征三个方面对这些构成要素进行了多角度阐释。一是历史演进与科学定位。关于历史演进，刘先春、李金玲在《中国共产党百年建设总体布局的演进历程、基本经验与时代启示》中指出，"在不同发展阶段上，党的建设总体布局有不同的表现形式，但在体现和遵循规律上是一以贯之的，是对以往党的建设总体布局的母版的继承和发展"；关于科学定位，韩强的《论"党的建设"学科内在体系的完善》、李景田的《不断开辟党的建设新境界》等理论文章从方略论、措施论、范式论角度将党的建设总体布局定位为顶层设计、党的建设伟大工程战略部署以及马克思主义党建范式等。二是结构关系。白清平、任晓伟的《新时代党的建设总体布局的三重逻辑》从总体布局的内在和外在关系角度审视其应有之义，认为总体布局的内在关系主要体现在政治建设、思想建设、组织建设等的地位和作用上；从外在关系来看，认为总体布局统一于党的建设伟大实践，擘画了新时代党的建设总要求的整体框架。三是基本特征。有研究认为习近平总书记对党的建设总体布局进行的丰富和发展，在内容上具有科学性，在范围上具有延伸性和丰富性，在整体布局上具有有机性，在架构上彰显体系化和动态性。

3. 关于党的政治建设的研究。齐卫平的《中国共产党百年政治建设的历史纵论》、刘红凛的《政治建设、组织力与党的建设质量——新时代党的建设三大新概念新要求》从理论、历史、现实和文化层面展开，认为习近平总书记关于政治建设的重要论述体现了马克思主义政党"旗帜鲜明讲政治"的优良传统，是党百年发展历程的经验总结，是立足于全面从严治党成功经验和党的建设新形势提出的新任务，汲取了中华优秀传统文化、革命文化、社会主义先进文化的精髓。关于政治建设的科学内涵，冯俊的《坚持党的全面领导是坚持和发展中国特色社会主义的必由之路》、辛鸣的《理想信念：百年大党砥砺前行的不竭动力》等文章聚焦于目标论、系统论、要素论，认为习近平总书记重要论述涵盖政治信仰、政治领导、政治能力、政治生态四个方面，是中国共产党的政治之魂、生命之魂、奋斗之魂。关于政治建设的着力点，穆兆勇在《十八大以来党的政治建设的重大成就》一文中、肖贵清在《试论习近平关于加强党的政治建设的思想》一文中，认为习近平总书记强调党的政治建设"决定党的建设方向和效果"，加强党的政治建设应从增强"四个意识"、坚定"四个自信"、做到"两个维护"、胸怀"国之大者"等层面发力；陈金龙的《党内政治生活运行的内在逻辑》论述了在严肃党内政治生活、严明党的政治纪律和政治规矩、发展健康的党内政治文化中保证党中央权威和集中统一领导，提高党的政治判断力、政治领悟力、政治执行力。

4.关于党的思想建设的研究。理论界从思想建党的历史出发，聚焦于习近平总书记关于党的思想建设重要论述的创新之处。理论界通过对重要论述进行历史和现实、理论和实践相结合的分析，认为其创新之处在于提出坚定理想信念是思想建设的首要任务，杨凤城的《历史视阈中的新时代全面从严治党之思想建设》认为，坚定理想信念需要建立在对马克思主义的深刻理解上，建立在对历史规律的深刻把握上，阐明了共产党人因理解而信仰马克思主义的精神意蕴；李明的《思想建党、理论强党：百年大党的鲜明特色和光荣传统》和周良书等的《中国共产党思想建党的历史逻辑与现实启示》强调，理论武装是思想建设的题中应有之义，习近平新时代中国特色社会主义思想开辟了马克思主义中国化新境界，为党和人民的新实践提供了新的理论指导和行动指南；赵淑梅等的《中国共产党思想建设的百年历程与时代探索》、仰义方等的《党内政治文化建设的逻辑导向与路径选择》等文章明确加强党内政治文化建设是思想建设的核心任务，需要抓好党性教育、注重道德修养，永葆共产党人的政治本色，其关键在于推进党的思想建设的制度化，加强党的思想建设的顶层设计和制度规范。

5. 关于党的组织建设的研究。理论界的研究集中在新时代党的组织路线、严密组织体系、新时代好干部标准等重要论述上。有研究认为，习近平总书记关于新时代党的组织路线重要论述，一方面体现在以组织体系建设为重点的新时代党的组织路线上。孙照红的《中国共产党组织体系建设的百年历程和基本经验》一文从习近平总书记关于严密组织体系的地位、遵循、保证等重要论述中得出党的组织体系是一个紧密衔接的有机整体，组织建设必须依靠基层党组织贯彻落实的结论。另一方面体现在选用新时代好干部和优秀人才的工作着力点上。党的十八大以来，习近平总书记提出干部人才的选拔任用要把政治标准放在首位，丁俊萍、王春玺等学者的研究聚焦于此，认为重要论述体现了我们党坚持和加强党的全面领导、提高党的建设质量、始终保持先进性和纯洁性的鲜明特征。

6. 关于党的作风建设的研究。理论界聚焦于重要论述的价值考量、本质凸显以及实践品格。一是价值考量。刘红凛、彭庆红、刘颖等学者在文章中谈到，习近平总书记将作风建设置于关系党、国家、人民和民族前途命运的重要地位，彰显发扬优良作风、克服不良作风的坚决态度，其核心要义是始终保持党同人民的血肉联系。二是本质凸显。张荣臣的《百年大党作风建设的理论传承与实践创新》和齐卫平的《党的作风建设：百年回望及经验启示》认为，习近平总书记强调加强作风建设的本质是党性的凸显，改进作风靠党性涵养，党的性质和宗旨决定对作风问题任何时候都不能掉以轻心。三是实践品格。以李步前的《试论习近平全面从严治党重要论述的三个维度》、李斌雄等的《基于中共"八项规定"的纠风机制与腐败治理机制创新探究》、韩强的《中央"八项规定"有效实施对全面从严治党的经验借鉴》及王庭大的《用好批评和自我批评这个利器——党的群众教育实践活动的经验与启示》为代表，研究认为习近平总书记的重要论述表明，全面从严治党的重点在于纠正"四风"，从人民群众反映强烈的作风问题抓起，从制定和落实中央八项规定破题，党的十八大以来我们先后开展了一系列集中学习教育，这些全面从严治党的有力举措体现了顶层设计的科学性和灵活性，表明我们党掌握住了"有病治病、无病防病"的利器。

7. 关于党的纪律建设的研究。理论界关注纪严于法、执纪执法贯通、用好监督执纪"四种形态"等重要论述，从纪律建设的必要性和重要性、内涵和外延等方面展开研究。刘红凛等的《中国共产党百年政治纪律建设》、蒋来用的《监督执纪"四种形态"的理论体系与战略价值》指出习近平总书记在党的十九大报告中突出强调党的纪律建设的同时，把作风建设与纪律建设紧密联系起来，强调持之以恒正风肃纪，这是党的十九大以来党的建设的一大创新。也有研究，如韩云霄、王树荫的《论习近平新时代党的纪律建设思想的科学内涵》和郝潞霞的《习近平对党的纪律建设思想的理论创新》等，认为将纪律的内涵拓展为政治纪律、组织纪律、廉洁纪律、群众纪律、工作纪律、生活纪律六大纪律，将纪律的外延涵盖到党的政治规矩，并强调最根本、最重要的是政治纪律，政治纪律的核心是坚持和加强党的全面领导，应在强化教育、注重执行、制度保障上下功夫等，体现了习近平总书记对纪律建设认识的不断深化。

8.关于党的制度建设的研究。理论界高度评价习近平总书记关于制度制定和执行的一系列新思想新观点新论断。沈燕培的《中国共产党对"三大规律"的认识——以党章修订为中心的分析》、李君如的《民主集中制：最大的制度优势》、陈家刚的《中国共产党党内法规制度建设的百年历程及基本经验》、陈松友等的《党内法规制度建设：全面从严治党的内驱力》等理论文章指出，习近平总书记对党的制度建设的科学内涵作出明确规定，认为其主要包含党内法规制度体系，具体来说是以党章为根本遵循，以民主集中制为根本组织原则和领导制度，以准则、条例等中央党内法规为主干，通过各项根本制度、基本制度、重要制度的建设完善和贯彻执行，不断提高党的建设制度化、规范化、科学化水平。关于制度的制定，以陈金龙的《新时代制度治党的科学指南》、王淑荣等的《全面从严治党下提升党内制度建设有效性的思考》和陈松友的《习近平制度治党思想的科学内涵与实践要求》等为代表，研究指出其目标在于破旧立新、推陈出新，从内容来看在于务实管用、与时俱进，从程序来看重在调查研究、回应群众期盼和实际需要，从长远发展来看重在顶层设计、统筹规划；关于制度的执行，有研究针对党的十八大以来制度执行存在的"稻草人""破窗效应"等问题，认为严格执行是制度具有生命力的表现。

9. 关于深入推进反腐败斗争的研究。理论界的研究集中在习近平总书记关于深入推进反腐败斗争重要论述的重要性、价值追求、基本方针以及"四种形态"效用等方面。一是重要性。理论界高度认同习近平总书记提出的坚决反对腐败"是我们必须抓好的重大政治任务"，反腐败斗争"是一场输不起也决不能输的重大政治斗争"，董瑛等在《清廉中国：反腐败斗争压倒性胜利的三重逻辑》中、冯新舟在《深入推进反腐败斗争的理论和实践思考》中，指出"腐败是历史沉疴""腐败侵蚀党的肌体"，腐败问题是影响一个国家人心向背、制度更迭、政权兴替的关键变量。二是价值追求。理论界认为权力腐败与人民政权根本对立，反腐败斗争是赢得党心民心、实现党和国家长治久安的"密钥"。三是基本方针。理论界从习近平总书记"不敢腐、不能腐、不想腐"论述出发，姜辉、程美东等学者认为"三不腐"是破与立的有机整体和系统工程，应一体推进，保持"不敢腐"刚性约束的高压态势，抓住"不能腐"制度约束的关键举措，打牢"不想腐"柔性约束的思想基础。四是"四种形态"效用。石亚军等的《习近平正风反腐治本思想论析》、魏晓文等的《监督执纪"四种形态"的内涵、价值与践行路径》及冯颜利的《监督执纪"四种形态"的内在联系》指出，让"红红脸、出出汗"常态成为"不想腐"的基本方法，让"党纪轻处分、组织调整"和"党纪重处分、重大职务调整"成为"不能腐"的法规尊崇，让"严重违纪涉嫌违法立案审查"成为"不敢腐"的雷区禁忌。

10.关于落实管党治党政治责任的研究。理论界的研究集中在重要论述的必然要求和核心要义层面。一是必然要求。吕永祥、张忠军、张弛等学者在研究中认为，习近平总书记关于落实管党治党政治责任重要论述体现了党的政治属性，关乎厚植党执政的政治基础，是针对党内主体责任缺失、监督责任缺位、管党治党宽松软作出的战略部署。二是核心要义。王振华等的《党风廉政建设和反腐败斗争中党委负主体责任的理论探析——学习习近平总书记关于全面从严治党的重要论述》和徐玉生等的《习近平关于全面从严治党的重要论述研究》，从落实管党治党政治责任的性质、主体和形态展开分析。从性质看，"管党治党责任是最根本的政治责任"。从主体看，管党治党是各级党委的责任，也是各级党员领导干部的责任，何旗在《习近平关于从严监督"关键少数"重要论述的科学意蕴》中从"因何监督""监督什么""谁来监督""怎样监督"四个方面着手，从领导干部这个"关键少数"是管党治党的关键出发，阐明了习近平总书记关于依靠自上而下、同级之间、自下而上的方式加强对"关键少数"监督执纪问责的相关论述。从形态看，管党治党责任包括领导责任、主体责任和监督责任等，徐雅芬从党内问责制度是管党治党、全面从严治党的利器出发，指出"以《党章》为核心，以《监督条例》

为依据，通过规范纪检机关监督执纪专责，依靠巡视和问责，从《八项规定》入手"，段治文等在《中国共产党问责制度建设的百年进程与内在逻辑》中认为党内问责制度体现了党以初心使命为根本、抓"关键少数"为导向的内在逻辑。

11. 关于以伟大自我革命引领伟大社会革命的研究。习近平总书记关于党跳出历史周期率的第二个答案的新论断，把自我革命提高到新的境界，成为习近平新时代中国特色社会主义思想的又一重大创新成果。理论界对此从自我革命的定位，自我革命与"四自能力"、社会革命以及党的建设的关系等多重角度展开深入研究。一是自我革命的定位。有研究认为勇于自我革命、坚持真理修正错误是马克思主义政党的特质和优势，是在革命斗争中锻造出来、在历史实践中积累起来的，中国共产党的自我革命"没有丢掉老祖宗"，是党始终走在时代前列的力量源泉。在文化维度上，方世南的《中国共产党百年自我革命的重大成就和主要经验》和张乾元等的《新时代中国共产党自我革命的三重逻辑》认为，自我革命鲜明品格的内在动因是中华优秀传统文化，自我革命强调在自省中认识和纠正错误。二是自我革命与"四自能力"、社会革命以及党的建设的关系。习近平总书记对自我革命、社会革命、党的建设之间的关系有着十分清醒的认识，理论界对此展开了阐释研究。关于自我革命与"四自能力"的关系，有研究认为自我净化、自我完善、自我革新、自我提高这"四自能力"是自我革命的有机组成部分，是自我革命取得成功的重要抓手与关键切入点。关于自我革命与社会革命、党的建设的关系，陈志刚在《以党的自我革命不断推进伟大社会革命》中、仰义方在《以党的自我革命推进新时代伟大社会革命》中认为，自我革命是推动社会革命的前提和根本保障，依据社会革命的目标需要适当转变、创新自我革命的方式方法，在推进社会革命中自觉进行自我革命等。正是在对其内在逻辑的理析中，理论界对习近平总书记关于党的自我革命战略思想的认识更为深入深刻。

研究特点

党的十八大以来，党要管党、全面从严治党在实践中成效显著，管党不力、治党不严情况得到了根本性转变。理论界对于习近平总书记关于全面从严治党的战略方针重要论述进行了全景式、立体化研究，成果丰硕，呈现出下列主要特点。

一是思路上展现历史和现实、理论和实践紧密结合特点。无论是整体性、系统性研究，还是专题性、针对性研究，理论界的大多数研究成果都体现出历史与现实的关怀，既溯及重要论述形成的历史渊源，又回应现实，很好地阐释了思想继承和超越的关系；同时体现出理论与实践的结合，习近平总书记围绕全面从严治党提出的一系列新思想新观点新论断源于实践，是在坚持问题导向中认识问题，在解决问题中总结经验、得出结论，并在以新的理论观点指导新的实践中产生。

二是内容上呈现系统性、专题性互补状态特征。理论界运用系统化、结构化思维，从产生根源、重要性和必要性、核心内涵、现实路径、理论品质等方面较为全面系统地梳理和展现了重要论述的内容体系；同时对若干新思想新观点新论断，如"坚持党的全面领导""把抓好党建作为最大的政绩""以党的政治建设为统领""补足精神之钙""全方位扎紧制度笼子""两个伟大革命"等作了专题探讨，丰富和深化了对习近平总书记关于全面从严治党的战略方针重要论述的理解和认识。

三是方法上呈现多维视角、交叉学科特色。有研究从政治学领域对作风建设、干部队伍建设展开分析和解读，从法学角度探讨党内法规制度的相关问题，从历史学角度并置身于中国传统廉政文化的宏大视野中总结管党治党经验，从管理学角度分析制度治党的内在逻辑，也有研究在分析全面从严治党的理论来源时，从哲学角度探讨其中蕴含的马克思主义立场观点方法。由此形成了多学科、广视角、多维度的交叉研究，拓展了习近平总书记关于全面从严治党的战略方针重要论述的研究空间。

研究走向

习近平总书记关于全面从严治党的战略方针重要论述是习近平新时代中国特色社会主义思想的重要组成部分，在深入推进管党治党实践创新、理论创新、制度创新中，跟踪其趋势，把握其方向，阐释其内涵，揭示其价值，是理论界的重要职责。

一是厘清全面从严治党和党的建设的关系。习近平总书记关于全面从严治党的战略方针重要论述涉及党的领导和党的建设各方面。全面从严治党的战略方针在理论形态上自成体系，但面对如何在政治建设上突出全面从严治党的政治引领，在思想建设中凝聚全面从严治党的共识，在组织建设中提升全面从严治党的组织功能，在制度建设中抓住制度治党的"脉搏"，在反腐败斗争中运用好全面从严治党的"免疫力"等问题，理论研究需要从党的各项建设与全面从严治党的内在逻辑出发，突出重点，抓住本质，厘清关系，勾勒出全面从严治党战略方针的全新理论构架。

二是树立战略思维，拓展国际视野。其一，习近平总书记关于全面从严治党的战略方针重要论述中包含着世界各国政党要加强合作、共谋发展的内在意蕴，尽管有不少理论工作者给予重视，但从弘扬全人类共同价值、推动构建人类命运共同体视野下给予关注的研究还有待拓展和深入。其二，重要论述中有诸多对于国家治理体系和治理能力现代化、政党治理现代化、执政党建设规律等重大课题的阐述和回答，立足中国共产党的历史自信、政党自信和中国特色社会主义"四个自信"，相关理论研究仍然需要"深耕细作"。其三，"同中华优秀传统文化相结合"是习近平新时代中国特色社会主义思想的鲜明特色。重要论述中大量引用中国古代治国安邦的经典语句，并赋予其新表达新内涵。从这个角度来看，展现重要论述的中华优秀传统文化渊源，并在世界政党比较、政治文化比较中呈现中华优秀传统文化的魅力，对于国外学者关注和理解中国和中国共产党具有重要现实意义，也是理论界需要进一步努力的方向。

精髓要义专题阐论

张 磊 | 经济日报社原副总编辑

实事求是:
习近平新时代中国特色社会主义思想的精髓

实事求是,是中国共产党人以中国化的语言,对马克思主义根本观点、根本要求和根本方法的高度概括,是党的思想路线的精髓。习近平总书记强调:"我们过去取得的一切成就都是靠实事求是。今天,我们要把中国特色社会主义事业继续推向前进,还是要靠实事求是。"实事求是同样是习近平新时代中国特色社会主义思想的精髓,它贯穿新时代中国特色社会主义理论和实践的方方面面。

始终坚持实事求是的思想路线

必须始终贯彻实事求是的思想路线,是习近平总书记反复强调的重要思想。2012 年 5 月 16 日，在党的十八大召开前夕，习近平同志在中共中央党校春季学期第二批入学学员开学典礼上专题阐述坚持实事求是的思想路线，强调："我们党是靠实事求是起家和兴旺发展起来的。""坚持实事求是，就能兴党兴国；违背实事求是，就会误党误国。"

实事求是是马克思主义的一个基本原则。马克思、恩格斯在《共产党宣言》中指出："共产党人的理论原理，决不是以这个或那个世界改革家所发明或发现的思想、原则为根据的。""这些原理不过是现存的阶级斗争、我们眼前的历史运动的真实关系的一般表述。"列宁指出："马克思主义要求我们在确定任何重大政策的时候，必须以经得起精确的客观检验的事实作为政策的基础和依据。"

我们党实事求是的思想路线，是在毛泽东的倡导下确立起来的。他在领导中国新民主主义革命、社会主义革命和建设的过程中确立和发展了这一思想路线。邓小平说过，毛泽东同志在延安为中央党校题词，就是"实事求是"四个大字，这是毛泽东哲学思想的精髓。在改革开放和社会主义现代化建设新时期，邓小平领导我们党恢复和发展了实事求是的思想路线。改革开放以来，我们党始终遵循实事求是的思想路线，坚持一切从实际出发，根据社会主义初级阶段基本国情和时代要求制定方针政策、作出战略部署，推动党和国家事业顺利发展。

中国特色社会主义进入新时代，以习近平同志为核心的党中央坚持和发展了实事求是的思想路线，以坚韧作风把实事求是贯彻到治国理政全过程各方面。习近平总书记多次阐述坚持实事求是对于党和国家事业发展的根本意义，深刻指出，"实事求是，是马克思主义的根本观点，是中国共产党人认识世界、改造世界的根本要求，是我们党的基本思想方法、工作方法、领导方法"，要求我们"不论过去、现在和将来，我们都要坚持一切从实际出发，理论联系实际，在实践中检验真理和发展真理"。

党的十八大以来，我们党提出的一系列新理念新思想新战略，出台的一系列重大方针政策，推出的一系列重大举措，推进的一系列重大工作，都是坚持从实际出发、贯彻执行实事求是思想路线的结果。面对中华民族伟大复兴战略全局，面对世界百年未有之大变局，面对党的建设面临的新情况新问题新挑战，以习近平同志为核心的党中央始终根据实践的发展、时代的进步和人民的愿望作出决策、推进工作，实打实地攻克了许多长期没有解决的难题，办成了许多事关长远的大事要事，推动党和国家事业发生历史性变革，取得了全方位的、开创性的成就，进行了深层次的、根本性的变革，带来了具有深远影响的变化。实事求是不仅是我们党的根本工作方法，也是党的建设的根本要求和党的作风。党的十八大以来，我们党勇于刀刃向内，坚持自我革命，以实事求是精神面对党内存在的突出问题，以顽强意志品质正风肃纪、反腐惩恶，持之以恒改进党的作风，使党内生活气象更新，党的创造力、凝聚力、战斗力显著增强，党在革命性锻造中更加坚强。在这一过程中，党的实事求是思想路线得到全面、深入、具体贯彻，并且在新的历史条件下彰显了鲜明的时代特色。

赋予实事求是以鲜明的时代特色

党的十八大以来，习近平总书记带领全党全国各族人民将实事求是贯穿于新时代中国特色社会主义的伟大实践，形成了一系列具有鲜明时代特色的思想方法和工作方法。

实事求是，必须掌握调查研究这个基本功。习近平总书记强调："坚持从实际出发，前提是深入实际、了解实际，只有这样才能做到实事求是。要了解实际，就要掌握调查研究这个基本功。"通过深入调查研究，了解实际情况、掌握具体实情，才能做到实事求是。当今时代，不管通信手段多么发达，都不能替代实地的调查研究。正如习近平总书记所强调的，调查研究是谋事之基、成事之道，没有调查就没有发言权，没有调查就没有决策权。2017 年 10 月 25 日，习近平总书记提出要在全党大兴调查研究之风，并对中央委员会每位同志积极开展调查研究提出了要求。党的十八大以来，习近平总书记带头深入开展调查研究，广泛听取民意、集中全党智慧，用实际行动将实事求是发扬光大。

实事求是，必须有强烈的问题意识。习近平总书记指出，"我们中国共产党人干革命、搞建设、抓改革，从来都是为了解决中国的现实问题"，并强调"要有强烈的问题意识，以重大问题为导向，抓住关键问题进一步研究思考，着力推动解决我国发展面临的一系列突出矛盾和问题"。坚持以问题为导向，就是承认问题的客观性，坚持解决问题要从现实出发，必须实事求是。直面问题，认真研究和解决问题，这是马克思主义对待问题的科学态度，是实事求是的态度。党的十八大以来，我们党善于认识问题，善于抓住关键问题，了解问题的产生、变化、根源和症结，从而找到科学解决问题的方法，推动党和国家事业取得历史性成就、发生历史性变革。

实事求是，必须发扬实干精神。坚持实事求是，必须发扬抓铁有痕、踏石留印的扎实作风。改革开放40多年，中国奇迹靠的就是求真务实、真抓实干。对此，习近平总书记鲜明提出抵制"知行不一、不求实效，文山会海、花拳绣腿，贪图虚名、弄虚作假"，明确提出要"使那些重实际、说实话、务实事、求实效的干部，不仅不吃亏，而且受到鼓励、褒奖、重用；使那些做表面文章、搞劳民伤财的'形象工程'和'政绩工程'、跑官要官的干部，不仅捞不到好处，而且受到批评和惩处"。同时，习近平总书记强调："如果不沉下心来抓落实，再好的目标，再好的蓝图，也只是镜中花、水中月。"干工作重在抓落实，如果落实工作抓得不好，再好的方针、政策、措施也会落空，再伟大的目标也实现不了。空谈误国、实干兴邦，一分部署、九分落实，重视实干实绩、狠抓落实，是坚持实事求是的应有之义。

实事求是，必须将尊重客观规律性与发挥主观能动性紧密结合。习近平总书记指出："在全面深化改革中，我们要处理好尊重客观规律和发挥主观能动性的关系。"一方面，要坚持一切从实际出发，按客观规律办事，一张蓝图绘到底，抓好打基础利长远的工作；另一方面，要鼓励大胆探索、先行先试，及时总结经验，勇于推进理论和实践创新。习近平总书记强调，摸着石头过河和加强顶层设计是辩证统一的，推进局部的阶段性改革开放要在加强顶层设计的前提下进行，加强顶层设计要在推进局部的阶段性改革开放的基础上来谋划。加强顶层设计和摸着石头过河相结合、整体推进和重点突破相促进，这是全面深化改革必须遵循的重要原则，也是实事求是的根本要求。

实事求是，必须不断锤炼坚强的党性。习近平总书记从党性的高度进一步深入阐释了坚持实事求是的重要性。他强调："坚持从实际出发、实事求是，不只是思想方法问题，也是党性强不强问题。"中国共产党人没有任何自己特殊的利益，始终代表最广大人民的利益，要做到实事求是，就必须有公而忘私和不计个人得失的宝贵品格。能不能讲真话、讲实话、干实事、求实效，是党员干部党性纯不纯、强不强的重要体现，也是党员干部是否做到实事求是的关键标准。习近平总书记多次教导广大党员干部，要坚持以党性立身做事，把说老实话、办老实事、做老实人作为党性修养和锻炼的重要内容，敢于坚持真理，善于独立思考，坚持求真务实。

不断深化对实事求是的理论认识

党的十八大以来，以习近平同志为主要代表的中国共产党人不仅在实际工作中全面贯彻实事求是的思想路线，同时从马克思主义理论的高度，特别是哲学的高度，深化了对实事求是的认识。

从唯物论来看。坚持实事求是，就是坚持彻底的唯物论。习近平总书记强调："坚持实事求是，就要深入实际了解事物的本来面貌。要透过现象看本质，从零乱的现象中发现事物内部存在的必然联系，从客观事物存在和发展的规律出发，在实践中按照客观规律办事。"因此，牢固树立实事求是的观点，就是坚持世界物质统一性这个唯物论的最基本原理。我们认识形势、规划未来、确定政策、推进工作，都必须坚持这个基本原理，坚持一切从客观实际出发，坚持实事求是，在实践中检验和发展真理，否则就会犯错。

从辩证法来看。坚持实事求是，必须坚持辩证思维。习近平同志强调："客观实际是不断发展变化的，我们对客观事物及其规律的认识是不断深化的，实事求是永无止境，解放思想也永无止境。"坚持实事求是，就必须把握客观实际的发展变化，因为这些变化也是"实事"和"实际"的组成。从当前我国实际来看，我们既要看到社会主义初级阶段基本国情没有变，也要看到新时代我国基本国情内涵的不断变化、社会主要矛盾的转变。如果固守原有认识，我们就难以正确把握主要矛盾，难以制定正确的路线方针政策。

从唯物史观来看。坚持实事求是，必须坚持历史唯物主义立场。习近平总书记指出："历史唯物主义作为马克思主义哲学的重要组成部分，是关于人类社会发展一般规律的科学。"历史唯物主义要求我们，认识我国社会必须从我国社会物质生活条件的总和出发、从我国基本国情和发展要求出发，从而形成和实施正确的理论、路线和方针政策，这就是贯彻实事求是。因此，坚持历史唯物主义立场同坚持实事求是是完全一致的。同时，群众观点是历史唯物主义的基本观点，群众路线是我们党的根本工作路线。习近平同志指出："坚持实事求是，必须始终坚持一切为了群众、一切依靠群众，从群众中来、到群众中去的群众路线。"因此，贯彻实事求是，就要坚持党的群众观点、群众路线，这也是真正坚持历史唯物主义。

从认识论来看。坚持实事求是，必须坚持马克思主义认识论。习近平总书记强调，"实事求是是在实践基础上认识世界的过程"，同时，"实事求是又是在实践基础上改造世界的过程"。坚持实事求是，最基础的工作在于搞清楚"实事"，也就是要了解实际、掌握实情。马克思主义认识论坚持实践第一的观点，强调实践是认识的源泉和动力；同时坚持认识对实践的反作用。因此，贯彻实事求是，必须在推进各项工作的过程中，从客观实际出发得出科学认识，并把这个认识运用于指导实践，并在实践中进一步检验认识。

从理论与实践的关系来看。坚持实事求是，必须正确处理理论与实践的关系。习近平同志强调："领导干部一定要打牢马克思主义理论功底，这是坚持实事求是的理论基础。道理很清楚，没有科学理论功底，不掌握科学的世界观和方法论，就不能透过事物的现象看本质，就不能把握事物的内在联系，就容易陷于盲目性、片面性、被动性，也就很难做到实事求是。"我们党一贯重视理论建设、理论强党，强调理论一旦脱离实践，就会成为僵化的教条，失去活力和生命力。同时，实践若没有正确理论的指导，也容易"盲人骑瞎马，夜半临深池"，陷于盲目和被动。因此，坚持实事求是，必须坚持理论与实践相统一，不断在实践中认识真理，又不断在实践中检验真理和发展真理。

党的十八大以来，以习近平同志为核心的党中央继承发展了实事求是的思想路线，并将这一根本要求贯彻于新时代党治国理政的全部理论和实践，使实事求是成为贯穿习近平新时代中国特色社会主义思想的一条红线。实事求是，是习近平新时代中国特色社会主义思想的精髓。学习贯彻习近平新时代中国特色社会主义思想，就是要深入学习领会、全面深刻把握实事求是思想路线，掌握当代中国马克思主义的思想方法和工作方法，为全面建设社会主义现代化国家、实现中华民族伟大复兴的中国梦提供强大科学指引。

韩延明 | 山东师范大学特聘教授、博士生导师，中共山东省委党史研究院原一级巡视员

人民至上：
习近平新时代中国特色社会主义思想的精髓

中国共产党不懈奋斗的百年，是坚持人民至上、贯彻群众路线、践行初心使命、追求"无我"境界的百年。习近平新时代中国特色社会主义思想作为当代中国马克思主义、二十一世纪马克思主义，其逻辑基点和精髓要义之一就是坚持人民至上、坚守人民立场、体现人民意志、充满人民情怀。

人民至上是对马克思主义唯物史观、中国共产党的群众路线的继承与发展，彰显了习近平新时代中国特色社会主义思想的鲜明价值底色

人民至上蕴含着马克思主义人民主体思想，是我们党对马克思主义唯物史观的继承与发展，是党的群众路线一以贯之的根本遵循，是马克思主义中国化时代化的根本价值取向，集中体现了我们党百年不变的初心与使命。

人民至上体现了马克思主义唯物史观的本质要求。马克思主义是科学的、人民的、实践的、不断发展的开放的理论，是为人民争取自由、谋求解放的伟大的理论。马克思主义唯物史观是人民至上的立论之基和发展之源。

1844 年，马克思、恩格斯在合写的第一部著作《神圣家族》中就提及"人民至上"的概念，并明确指出"历史上的活动和思想都是'群众'的思想和活动"。人类的历史变革和社会发展，本质上是以人民群众为实践主体的"思想"和"活动"共同作用的必然结果。人民群众具有高度的自觉性、自主性，他们积极在创造历史中创造价值且享有价值，彰显了合目的性与合价值性的高度统一。此后，在《德意志意识形态》等著作中，马克思、恩格斯又进一步系统阐释了人民群众是历史发展的主体、

以人民至上为核心的唯物史观。列宁丰富和发展了马克思主义人民主体思想，在其无产阶级革命理论、工农联盟等论述中始终贯穿着一条主线，即人民群众是开创和发展社会主义的主体力量、依靠力量和决定力量，无产阶级政党必须保持与人民群众的血肉联系。毛泽东也明确指出"群众是真正的英雄""应该走到群众中间去""党群关系好比鱼水关系"等。这些经典论断，从理论高度上将人民群众视为历史主体、实践主体、价值主体，揭示了马克思主义唯物史观的本质属性和理论品格，回应了马克思主义政党"依靠谁"的动力支撑、"为了谁"的价值取向、"我是谁"的本源问题，成为人民至上的理论基石。

人民至上昭示了中国共产党群众路线的价值取向。中国共产党因人民而生、为人民而兴、由人民而强。人民至上是百年大党始终坚持的根本政治立场，是中国共产党始终如一的崇高追求。习近平总书记强调，共产党打江山、守江山，守的是人民的心，为的是让人民过上好日子。人民至上，确立了源自人民、尊重人民、依靠人民、服务人民、惠及人民、引领人民的价值取向和实践导向，彰显了党的群众路线的根本价值取向。

群众路线，一直贯穿于党的百年奋斗历程之中。1929年12月，毛泽东在古田会议决议中提出"一切工作，在党的讨论和决议之后，再经过群众去执行"。此后，群众路线成为党和人民军队卓有成效地动员群众、组织群众、武装群众、服务群众的政治路线和领导方法。1945年

4 月，毛泽东在党的七大上提出，和最广大的人民群众取得最密切的联系是共产党人区别于其他任何政党的显著标志之一。新民主主义革命时期为人民求解放，社会主义革命和建设时期让人民当家作主，改革开放和社会主义现代化建设新时期带人民奔小康，都是党的群众路线的生动写照。

中国特色社会主义进入新时代，不断实现人民对美好生活的向往，是党的群众路线在新时代的具体体现和人民至上的价值彰显。党的十九大通过的党章明确提出，党在自己的工作中实行群众路线，一切为了群众，一切依靠群众，从群众中来，到群众中去，把党的正确主张变为群众的自觉行动。"两个一切"是党的最根本的群众观点，"一来一去"是党的群众工作的领导方法，充分彰显了人民至上的根本价值取向。

人民至上彰显了习近平新时代中国特色社会主义思想的鲜明价值底色。人民至上是马克思主义中国化时代化理论成果的价值内核，是习近平新时代中国特色社会主义思想的理论精髓和鲜明价值底色，是新时代中国共产党人对马克思主义唯物史观的深刻把握。习近平总书记多次强调群众路线是党的生命线和根本工作路线、是党永葆青春活力和战斗力的重要传家宝，要求我们牢记江山就是人民、人民就是江山，始终坚持为人民执政、靠人民执政。

在习近平总书记心中，人民至高无上，爱民重于千钧。不管是在基层工作还是在中央任职，无论是脱贫攻坚战还是疫情防控阻击战，习近平总书记始终对人民"爱得真挚、爱得彻底、爱得持久",始终"铭记人民是共产党人的衣食父母",坚持"与群众有福同享、有难同当"。党的十八大以来,习近平总书记以一切为了人民的根本立场、一切依靠人民的内在动力、一切发展成果由人民共享的价值导向,从理论和实践的结合上系统回答了新时代如何坚持人民至上这一重大时代命题。习近平总书记所提出的"我将无我,不负人民""人民是我们党执政的最大底气""人民是共和国的坚实根基""人民是历史的创造者""人民是我们党的工作的最高裁决者和最终评判者"等论述,深刻诠释了人民至上的深邃意涵。

人民至上是新时代开启全面建设社会主义现代化国家新征程的根本价值遵循,是习近平新时代中国特色社会主义思想的精髓

坚持人民至上,是习近平总书记胸怀中华民族伟大复兴战略全局、把握世界百年未有之大变局提出的时代诺言,彰显了马克思主义政党的根本价值取向,是贯穿习近平新时代中国特色社会主义思想的理论精髓。

坚持人民至上,必须"坚持全心全意为人民服务的根本宗旨"。全心全意为人民服务是人民至上的集中彰显,是马克思主义中国化时代化的理论精髓,是习近平新时代中国特色社会主义思想的本质内核。习近平总书记强调,我们党来自人民、扎根人民、造福人民,全心全意为人民

服务是党的根本宗旨，必须以最广大人民根本利益为我们一切工作的根本出发点和落脚点。党的十八大以来，我们党始终牢记初心使命，坚持全心全意为人民服务的根本宗旨，不断满足人民群众的美好生活需要。在以习近平同志为核心的党中央坚强领导下，我们党始终坚持人民至上，牢记全心全意为人民服务的根本宗旨，以严细深实作风及时解决人民群众面临的各种急难愁盼问题，用心用情保障和改善民生，切实解决好群众极为关切的就业、教育、社保、医疗、住房、养老、食品安全、社会治安等问题，努力做到对攸关人民切身利益的事情件件有着落、事事有回音。

坚持人民至上，必须"尊重人民群众主体地位和首创精神"。习近平总书记强调，要坚持为了人民、依靠人民，尊重人民群众主体地位和首创精神，把人民群众中蕴藏着的智慧和力量充分激发出来。人民是创造历史、改造现实、开辟未来的伟大力量。我们党深刻认识到，人民群众的主体地位和首创精神是党长期执政的最大底气和强大根基，要充分发挥人民群众在推进经济、政治、文化、社会、生态等发展进程中展现的伟大创造精神、伟大奋斗精神，充分激发人民群众在复杂环境和艰苦条件下彰显出的伟大团结精神、伟大梦想精神。党的十八大以来，在以习近平同志为核心的党中央坚强领导下，我们党积极践行人民至上，始终站稳人民立场，坚持人民主体地位，热爱人民、相信人民、依靠人民、植根人民，充分尊重人民首创精神。

坚持人民至上，必须"自觉拜人民为师"。习近平总书记指出，在人民面前，我们永远是小学生，必须自觉拜人民为师，向能者求教，向智者问策；必须充分尊重人民所表达的意愿、所创造的经验、所拥有的权利、所发挥的作用。习近平总书记多次强调要拜人民为师，向人民学习，放下架子、扑下身子，及时问需于民、问政于民、问计于民。习近平总书记在地方工作时，经常到大街小巷、田间地头面对面听取群众意见。党的十八大以来，习近平总书记开展50多次调研扶贫工作，走遍14个集中连片特困地区，提出了真扶贫、扶真贫、脱真贫的精准方略。我们党不断完善接受人民监督的体制机制，始终将人民满意不满意、高兴不高兴、赞成不赞成、拥护不拥护作为制定路线、方针和政策的判断标准，以造福人民为最大政绩，切实为群众办实事、解难事、做好事。

坚持人民至上，必须"朝着实现全体人民共同富裕不断迈进"。满足人民的美好生活需要，归根结底是要解决好发展不平衡不充分的问题，努力实现全体人民共同富裕。习近平总书记多次强调，"我国发展不平衡不充分问题仍然突出，城乡区域发展和收入分配差距较大，促进全体人民共同富裕是一项长期任务"，"我们必须把促进全体人民共同富裕摆在更加重要的位置，脚踏实地，久久为功，向着这个目标更加积极有为地进行努力"。党的十九大报告中6次提及"共同富裕"，党的十九届五中全会擘画了2035年实现"全体人民共同富裕取得更为明显的实质性进展"的美好蓝图。共同富裕不是同步富裕、同等富裕，不是少数人的富裕，也不是整齐划一的平均主义，而是一个长期接续奋斗的历史过程。习近平总书记明确了推进共同富裕需要把握的重要原则和总的思路，强调要深入研究不同阶段的目标，分阶段促进共同富裕。2021年12月，在中央经济工作会议上，习近平总书记进一步就如何逐步实现全体人民共同富裕作了深刻分析，提出要正确认识和把握实现共同富裕的战略目标和实践途径，要求既要把"蛋糕"做大做好，也要把"蛋糕"切好分好。同时，习近平总书记高度重视人民精神生活共同富裕，指出共同富裕"是人民群众物质生活和精神生活都富裕"，"促进共同富裕与促进人的全面发展是高度统一的"，要不断"促进人民精神生活共同富裕"。

坚持人民至上，必须"继续为实现人民对美好生活的向往不懈努力"。党的十八大以来，习近平总书记以人民立场为党的根本立场和价值坐标，以增进民生福祉、创造美好生活为治国理政的本质要求，庄严承诺永远把人民对美好生活的向往作为奋斗目标，向全党发出"继续为实现人民对美好生活的向往不懈努力"的伟大号召。着眼于人民对美好生活的强烈向往，习近平总书记多次强调，"人民群众的需要呈现多样化多层次多方面的特点，期盼有更好的教育、更稳定的工作、更满意的收入、更可靠的社会保障、更高水平的医疗卫生服务、更舒适的居住条件、更优美的环境、更丰富的精神文化生活"，指出"要从人民群众普遍关注、反映强烈、反复出现的问题出发，拿出更多改革创新举措"，以"不断增强人民群众获得感、幸福感、安全感"。针对人民日益增长的美好生活需要和不平衡不充分的发展之间的矛盾，党的十八大以来，习近平总书记领导制定了一系列回应人民诉求、满足人民期盼的重大政策和有效举措，充分彰显了人民领袖的高远境界、爱民情怀和使命担当，是对人民至上的生动诠释。

人民至上是置于马克思主义唯物史观基石之上、植于中国共产党百年奋斗之中、融于马克思主义中国化体系之内的伟大价值理念，是习近平新时代中国特色社会主义思想的创立基点、价值原点与实践支点，是习近平新时代中国特色社会主义思想的精髓。

人民至上，是新时代开启全面建设社会主义现代化国家新征程、推进中华民族伟大复兴历史进程的根本价值遵循。新的征程上，我们要深刻领会、全面贯彻人民至上这一习近平新时代中国特色社会主义思想的精髓，始终把人民利益放在首位，牢记江山就是人民、人民就是江山，坚定站稳根本政治立场。要全面贯彻党的群众路线，坚持全心全意为人民服务，自觉拜人民为师，虚心向人民学习，始终同人民想在一起、干在一起，始终与人民群众心连心、同呼吸、共命运。要尊重人民首创精神，尊重人民主体地位，汇聚人民磅礴伟力，最广泛地调动人民的积极性、主动性、创造性，推动广大人民投身创造美好生活的伟大实践。要全面提升为民服务本领，着眼社会主要矛盾变化，聚焦群众最关心最直接最现实的问题，用真抓实干创造出人民群众满意的新业绩，为实现人民对美好生活的向往不懈奋斗！

辛　鸣 ｜ 中共中央党校（国家行政学院）教授

守正创新：
习近平新时代中国特色社会主义思想的精髓

习近平总书记在省部级主要领导干部学习贯彻党的十九届六中全会精神专题研讨班开班式上的重要讲话中指出："我们要准确把握时代大势，勇于站在人类发展前沿，聆听人民心声，回应现实需要，坚持解放思想、实事求是、守正创新，更好把坚持马克思主义和发展马克思主义统一起来，坚持用马克思主义之'矢'去射新时代中国之'的'。"这一重要论述深刻阐述了马克思主义中国化的理论发展逻辑，也进一步丰富了中国化马克思主义思想理论精髓的内涵。守正创新与解放思想、实事求是相贯通，集中体现了习近平新时代中国特色社会主义思想的精髓要义。

守正创新是坚持和发展马克思主义的本质要求

马克思主义是共产党人和人民大众认识世界、改造世界的科学的世界观和方法论，坚持马克思主义必须坚定不移、不动摇。马克思主义是行动指南、不是教条，必须随着时代和实践的发展而发展，离开本国实际和时代发展来谈马克思主义没有意义，僵化地拘泥于马克思主义经典作家的个别结论没有出路。从毛泽东思想到中国特色社会主义理论体系，再到习近平新时代中国特色社会主义思想，100多年来的马克思主义中国化是坚持和发展马克思主义的典范，在解放思想、实事求是基础上的守正创新，是新时代坚持和发展马克思主义最本质的要求。

坚持和发展马克思主义，"守正"是前提、是根本。"守正"就是守"马克思主义立场观点方法"之正，守"马克思主义基本原理"之正。马克思主义基本原理，不是空洞抽象的条文，而是马克思主义立场观点方法的集中体现，是在辩证唯物主义和历史唯物主义指导下揭示的自然、社会和思维认识各方面的客观规律，得出的人类社会由低级向高级发展的客观规律，得出的资本主义必然灭亡，社会主义、共产主义必然胜利的历史结论。

守不住"马克思主义"之正，就会南橘北枳、南辕北辙。为什么一些看似言必称马克思却得出了与马克思主义大相径庭的结论，甚至与马克思主义的对手站在一起，就是因为其立场观点方法已经不是马克思主义了。为什么习近平新时代中国特色社会主义思想说了很多马克思主义"老祖宗"没有说过的新话，作出了许多"老祖宗"没有提出的原创性的贡献，却被一致认为是真正的马克思主义甚至是"回到了马克思"的马克思主义，其原因就在于这一思想在坚持马克思主义立场观点方法上真实而纯粹、自觉而坚定。能否"守正"是判断马克思主义与非马克思主义的"试金石"。马克思主义中国化不是教条式的马克思主义，更不能是改旗易帜的马克思主义。

坚持和发展马克思主义，"创新"是必须、是方向。习近平总书记指出："面对快速变化的世界和中国，如果墨守成规、思想僵化，没有理论创新的勇气，不能科学回答中国之问、世界之问、人民之问、时代之问，不仅党和国家事业无法继续前进，马克思主义也会失去生命力、说服力。"能不能创造性地发展马克思主义、并且在实践中发挥作用，关键在于能否把马克思主义基本原理同中国实际和时代特征结合起来。

当代中国正在经历人类历史上最为宏大而独特的实践创新，改革发展稳定任务之重、矛盾风险挑战之多、治国理政考验之大都前所未有，世界百年未有之大变局深刻变化前所未有，提出了大量亟待回答的理论和实践课题。习近平新时代中国特色社会主义思想以科学的态度对待科学，以真理的精神追求真理，洞察时代风云，把握时代大势，站在人类发展前沿，积极探索关系人类前途命运的重大问题，为应对当今世界面临的全球性挑战、解决人类面临的共性问题贡献中国智慧、中国方案。习近平新时代中国特色社会主义思想紧密联系亿万群众的创造性实践，尊重人民群众的主体地位和首创精神，用鲜活丰富的当代中国实践来推动马克思主义发展，不断深化对共产党执政规律、社会主义建设规律、人类社会发展规律的认识，不断深化对中国特色社会主义建设规律的认识。

在马克思主义中国化的历史进程中，解放思想、实事求是与守正创新是相互贯通的。只有坚持解放思想、实事求是，才能真正做到守正创新，而守正创新则是解放思想、实事求是在新时代的最鲜活体现。习近平新时代中国特色社会主义思想强调坚持守正创新，促进中国特色社会主义建设规律认识深化和理论创新取得重大成果，实现了马克思主义中国化新的飞跃，开辟了当代中国马克思主义、二十一世纪马克思主义新境界；党的十八大以来，以习近平同志为核心的党中央坚持守正创新，领导全党全军全国各族人民创造了新时代中国特色社会主义的伟大成就，党和国家事业取得历史性成就、发生历史性变革，中国特色社会主义道路越走越宽广。

守正创新是当代中国马克思主义的鲜明特质

作为当代中国马克思主义，习近平新时代中国特色社会主义思想，提出了一系列原创性的治国理政新理念新思想新战略，标注出当代中国马克思主义最鲜明的特质。

在守正创新中坚持和发展新时代中国特色社会主义。坚持中国共产党领导，坚持中国特色社会主义道路、理论、制度、文化，全面贯彻党的基本理论、基本路线、基本方略，立足基本国情，以经济建设为中心，坚持四项基本原则，坚持改革开放，解放和发展社会生产力，促进人的全面发展，逐步实现全体人民共同富裕，等等，"都是在新的历史条件下体现科学社会主义基本原则的内容，如果丢掉了这些，那就不成其为社会主义了"。习近平新时代中国特色社会主义思想守"马克思主义基本原理"之正，创"新时代中国特色社会主义"之新，创造性地回答了新时代坚持和发展什么样的中国特色社会主义、怎样坚持和发展中国特色社会主义的重大时代课题，统筹推进"五位一体"总体布局，协调推进"四个全面"战略布局，统揽"四个伟大"实践要求，不断赋予中国特色社会主义以鲜明的实践特色、理论特色、民族特色、时代特色，进一步丰富和发展了对社会主义本质的认识，进一步深化和提高了对中国特色社会主义建设规律的认识与运用。

在守正创新中开辟出中国式现代化新道路。习近平新时代中国特色社会主义思想明确提出，中国式现代化是人口规模巨大的现代化，是全体人民共同富裕的现代化，是物质文明和精神文明相协调的现代化，是人与自然和谐共生的现代化，是走和平发展道路的现代化。在坚守马克思主义社会发展理论的基础上创"中国式现代化道路"之新，让"现代化"具有真正的"社会主义"属性和鲜明的"中国特色"。在经济全球化的背景下、在竞争日趋激烈的环境中，习近平新时代中国特色社会主义思想创造性地提出实现国家富强、民族振兴、和平发展的正确路径，努力让全体人民过上更加幸福、更有尊严的生活，有效破解向更高水平发展的难题，不仅科学回答了建设什么样的社会主义现代化强国、怎样建设社会主义现代化强国的重大时代课题，而且创造了人类文明新形态，拓展了发展中国家走向现代化的途径，给世界上那些既希望加快发展又希望保持自身独立性的国家和民族提供了全新选择。

在守正创新中建设一个长期执政的马克思主义政党。习近平新时代中国特色社会主义思想守"马克思主义建党学说"之正，创造性地提出新时代党的建设总要求，通过增强政治领导力、思想引领力、群众组织力、社会号召力，不断提高党把方向、谋大局、定政策、促改革的能力和定力，把党建设成为始终走在时代前列、人民衷心拥护、勇于自我革命、经得起各种风浪考验、朝气蓬勃的马克思主义执政党。明确提出全面从严治党的战略方针，全面推进党的政治建设、思想建设、组织建设、作风建设、纪律建设，把制度建设贯穿其中，深入推进反腐败斗争，以伟大自我革命引领伟大社会革命，党的自我净化、自我完善、自我革新、自我提高能力显著增强，党在革命性锻造中更加坚强。这一系列管党治党的创新举措与重要部署，科学回答了建设什么样的长期执政的马克思主义政党、怎样建设长期执政的马克思主义政党的重大时代课题。

守正创新是 21 世纪马克思主义的时代逻辑

作为 21 世纪马克思主义，习近平新时代中国特色社会主义思想，站在世界历史的高度审视当今世界发展趋势和面临的重大问题，让 21 世纪马克思主义放射出更加灿烂的真理光芒，展现出更加强大的实践伟力和最为强劲的时代逻辑。

坚持守正创新，提出全人类共同价值。马克思曾经形象地说："手推磨产生的是封建主为首的社会，蒸汽磨产生的是工业资本家为首的社会。"与"手推磨"相联系的生产和生活方式及其时代产生的是封建社会的价值观，与"蒸汽磨"相联系的生产和生活方式及其时代产生的就是工业资本的价值观。那么，21 世纪的人类社会需要和将产生什么样的价值观，就要深入到 21 世纪的生产和生活方式的变迁中去寻找。习近平新时代中国特色社会主义思想创造性地提出"和平、发展、公平、正义、民主、自由，是全人类的共同价值"，这是中国共产党人在科学研判 21 世纪世界政治经济格局和时代特征的基础上作出的价值建构。

党的十八大以来，中国共产党大力弘扬全人类共同价值，在人类社会的价值制高点上引领人类社会发展方向。习近平新时代中国特色社会主义思想指导我们"要本着对人类前途命运高度负责的态度，做全人类共同价值的倡导者，以宽广胸怀理解不同文明对价值内涵的认识，尊重不同国家人民对价值实现路径的探索，把全人类共同价值具体地、现实地体现到实现本国人民利益的实践中去"。

坚持守正创新，构建人类命运共同体。建设一个更加美好的世界，是人类社会的共同愿望。什么是更加美好的世界？习近平新时代中国特色社会主义思想创造性地提出构建人类命运共同体。作为为世界谋大同的中国方案，构建人类命运共同体不是某一种具体的制度体制模式，也不主张用一种模式来改造整个世界，而是以新的世界观、新的价值观、新的方法论，为全人类构建出一幅崭新的世界图景。

人类命运共同体理念把世界作为一个你中有我、我中有你的命运共同体，不论大国小国，不论发达还是欠发达，在共商、共建、共享中，让世界各国人民的梦想成真。人类命运共同体理念倡导推动建设相互尊重、公平正义、合作共赢的新型国际关系，主张世界命运应该由各国共同掌握，国际规则应该由各国共同书写，全球事务应该由各国共同治理，发展成果应该由各国共同分享；倡导"建设持久和平、普遍安全、共同繁荣、开放包容、清洁美丽的世界"，反映了人类社会的共同价值追求，汇聚了世界各国人民对和平、发展、繁荣向往的最大公约数，为世界大同绘制了蓝图、标注了高度；倡导"和而不同"，尊重世界文明多样性，"让和平的薪火代代相传，让发展的动力源源不断，让文明的光芒熠熠生辉"，"努力把我们生于斯、长于斯的这个星球建成一个和睦的大家庭，把世界各国人民对美好生活的向往变成现实"。

坚持守正创新，建构 21 世纪经济全球化的新样态。推动人类社会文明进步的力量只有在世界历史的意义上才可能真正存在，更加美好的人类社会发展状态也只有在世界历史的意义上才可能真正实现。习近平新时代中国特色社会主义思想明确提出"一带一路"倡议，建构了 21 世纪经济全球化的新样态。

"一带一路"建设坚持守正创新，同联合国、东盟、非盟、欧盟、欧亚经济联盟等国际和地区组织的发展和合作规划对接，同各国发展战略对接，为世界经济增长开辟了新空间，为国际贸易和投资搭建了新平台，为完善全球经济治理拓展了新实践，为增进各国民生福祉作出了新贡献，成为共同的机遇之路、繁荣之路。在这一发展图景中，不再是弱肉强食，也不再是赢者通吃，没有中心与边缘之分，没有宗主国与殖民地之别，每个国家、每个民族都可以在"各美其美"的同时"美美与共"，可以在"共商共建"中实现"共赢共享"。正是坚持了守正创新，"一带一路"才不是封闭的，而是开放包容的；不是中国一家的"独奏"，而是沿线国家的"大合唱"；不是某一方的"私家小路"，而是大家携手前进的"阳光大道"；不是营造自己的"后花园"，而是建设各国共享的"百花园"。

习近平新时代中国特色社会主义思想中"守正创新"的思想精髓，奠定了 21 世纪马克思主义的理论基石，拓展了 21 世纪马克思主义的实践领域，建构出 21 世纪马克思主义的现实形态。

刘先春 ▎兰州大学马克思主义学院教授、博士生导师

刘 慧 ▎兰州大学马克思主义学院

敢于斗争：
习近平新时代中国特色社会主义思想的精髓

中国共产党在斗争中诞生、在斗争中发展、在斗争中壮大。敢于斗争标定了"中国共产党为什么能"的基因密码。习近平新时代中国特色社会主义思想作为当代中国马克思主义、二十一世纪马克思主义，蕴含着要坚持敢于斗争的丰富内涵和思想精髓。敢于斗争作为一种精神品质和鲜明品格，蕴含着党和人民不可战胜的强大精神力量。

敢于斗争是中国共产党的优良传统和宝贵历史经验

敢于斗争带有马克思主义与生俱来的"斗争"属性，是我们党对马

克思主义立场观点方法和中国共产党百年奋斗经验的继承和发展。马克思主义唯物辩证法认为，"社会是在矛盾运动中前进的，有矛盾就会有斗争"，在斗争过程中，新旧矛盾相互交替，推动着人类社会向前发展。马克思主义唯物辩证法表明，坚持敢于斗争就是承认矛盾存在的普遍性和客观性，要通过掌握客观规律，不断在具体实践中解决矛盾，同具体矛盾作斗争，直至取得最后胜利。这些马克思主义立场观点方法是敢于斗争的立论之基和发展之源。

习近平总书记强调指出，"我们党诞生于国家内忧外患、民族危难之时，一出生就铭刻着斗争的烙印"。中国共产党从诞生的那一刻起，不论是在革命、建设还是改革的各个历史时期，"斗争"的政治品格始终伴随左右。百余年来，中国共产党以马克思主义为根本指导思想，带领中国人民推翻帝国主义、封建主义、官僚资本主义三座大山，消灭了封建剥削压迫制度，团结带领人民找到一条以农村包围城市、武装夺取政权的正确革命道路，夺取新民主主义革命伟大胜利；成功完成社会主义改造、建立社会主义制度，进行社会主义革命，推进社会主义建设；开启改革开放和社会主义现代化建设新时期；开创中国特色社会主义新时代等，这些成就都是通过不断斗争、坚持斗争取得的。

回顾波澜壮阔的百年奋斗历程，我们所取得的一系列斗争成果，来源于中国共产党人不惧风险、敢于斗争的伟大实践，蕴含着带领人民发扬不怕牺牲、英勇斗争精神的深刻历史启示。习近平总书记在庆祝中国共产党成立 100 周年大会上向全世界庄严宣告："中华民族迎来了从站起来、富起来到强起来的伟大飞跃，实现中华民族伟大复兴进入了不可逆转的历史进程！"这一伟大飞跃表明，中国共产党在斗争中诞生、在斗争中发展、在斗争中壮大，敢于斗争、敢于胜利是中国共产党不可战胜的强大精神力量和克敌制胜的重要法宝。

敢于斗争彰显习近平新时代中国特色社会主义思想的鲜明品格，是习近平新时代中国特色社会主义思想的精髓

党的十八大以来，以习近平同志为核心的党中央团结带领全党全国各族人民始终坚持敢于斗争，积极面对和解决外部环境变化带来的各种风险挑战、国内改革发展稳定方面存在的深层次矛盾和问题、管党治党中存在的党内消极腐败问题等，以伟大的历史主动精神、巨大的政治勇气、强烈的责任担当，统筹国内国际两个大局，统筹发展和安全，统揽"四个伟大"，投身党和国家事业发展一系列重大问题的斗争实践。在此过程中形成的一系列关于敢于斗争的新思想新观点新论断，彰显了我们党作为马克思主义政党的鲜明品格，集中体现了我们党敢于斗争、敢于胜利的决心与勇气，成为习近平新时代中国特色社会主义思想的精髓。

习近平新时代中国特色社会主义思想系统回答了新时代"为谁斗争""靠谁斗争""如何斗争"等重大命题。关于"为谁斗争"，习近平总

书记强调指出，"我们讲的斗争，不是为了斗争而斗争，也不是为了一己私利而斗争，而是为了实现人民对美好生活的向往"，"共产党就是给人民办事的，就是要让人民的生活一天天好起来，一年比一年过得好"。中国共产党人的斗争，是为了实现人民对美好生活的向往，一切阻碍人民幸福的风险挑战都是我们党斗争的对象。关于"靠谁斗争"，习近平总书记强调指出："广大干部特别是年轻干部要经受严格的思想淬炼、政治历练、实践锻炼，发扬斗争精神，增强斗争本领，为实现'两个一百年'奋斗目标、实现中华民族伟大复兴的中国梦而顽强奋斗。"党员干部要作为关键力量在矛盾冲突面前挺身而出，成为进行伟大斗争的中坚力量。关于"如何斗争"，习近平总书记强调指出，"我们党要团结带领人民有效应对重大挑战、抵御重大风险、克服重大阻力、解决重大矛盾，必须进行具有许多新的历史特点的伟大斗争"。在充分把握新时代伟大斗争历史特点的基础上，党员干部要胸怀"两个大局""察大势、应变局、观未来"，要"加强斗争历练，增强斗争本领，永葆斗争精神"，以钉钉子精神做好各项工作。习近平总书记对"为谁斗争""靠谁斗争""如何斗争"等重大命题的深刻回答，阐明了新时代敢于斗争的思想意蕴，蕴含着敢于斗争的强大精神力量，彰显了习近平新时代中国特色社会主义思想的鲜明品格。

敢于斗争是实现中华民族伟大复兴的强大精神动力，实现中华民族伟大复兴，必须坚持斗争精神。当前，实现中华民族伟大复兴已经进入关键时期，习近平总书记多次强调，我们比历史上任何时期都更接近实现这一伟大梦想，"中华民族走向伟大复兴的历史脚步是不可阻挡的"。但同时也强调指出，"只有全党继续发扬担当和斗争精神，才能实现中华民族伟大复兴的宏伟目标"。中华民族伟大复兴这一伟大梦想"绝不是轻轻松松、顺顺当当就能实现的，我们越发展壮大，遇到的阻力和压力就会越大"。我们现在所处的，是一个船到中流浪更急、人到半山路更陡的时候，是一个愈进愈难、愈进愈险而又不进则退、非进不可的时候。这一历史阶段决定我们必须坚持敢于斗争，在发扬斗争精神中把握历史主动，在把握历史主动中进行伟大斗争，把伟大斗争贯穿实现伟大梦想的始终。

敢于斗争为实现中华民族伟大复兴提供着源源不断的精神动力，正如习近平总书记强调指出的，"担当和斗争是一种精神"，"我们必须以越是艰险越向前的精神奋勇搏击、迎难而上"。党的十八大以来，我们把握难得的历史机遇，传承弘扬中国共产党人"为有牺牲多壮志，敢教日月换新天"的奋斗精神，充分认识伟大斗争的长期性、复杂性、艰巨性，大力发扬担当和斗争精神，勇于战胜一切可以预见和难以预见的风险挑战，使"中华民族伟大复兴向前迈出了新的一大步"。党的十九大以后的5年更是极不寻常、极不平凡，以习近平同志为核心的党中央以奋发有为的精神把新时代中国特色社会主义推向前进，使"中华民族伟大复兴已经进入不可逆转的历史进程"。习近平总书记对实现中华民族伟大复兴的清醒认识，蕴含着"我们取得的一切成就，都是党和人民一道奋斗出来的"坚定信心和必胜信念，凝聚成习近平新时代中国特色社会主义思想的精髓。

敢于斗争是应对国内外一切风险挑战的关键所在，必须依靠斗争赢得未来。习近平总书记强调指出，"我们共产党人的斗争，从来都是奔着矛盾问题、风险挑战去的"，"面对来自各方面的风险挑战，面对各种阻力压力，中国人民总能逢山开路、遇水架桥，总能展现大智大勇、锐意开拓进取，'杀出一条血路'"。我们党之所以能够披荆斩棘取得今天的伟大成就，就是因为敢于斗争。我们党依靠斗争走到今天，也必然依靠斗争赢得未来。当前，中华民族伟大复兴战略全局和世界百年未有之大变局相互交织，世界之变、时代之变、历史之变愈加凸显，各种不稳定性不确定性因素明显增多，我们所面临的风险和挑战比以往更加错综复杂。在这种形势下，更加需要坚持敢于斗争，科学把握我们面临的战略机遇和风险挑战，增强忧患意识、机遇意识和风险意识，依靠顽强斗争打开事业发展新天地，依靠斗争赢得未来。

面对复杂严峻的国际环境，习近平总书记深刻指出，党的十九大以后的5年，"面对国际局势急剧变化，我们在斗争中维护国家尊严和核心利益，牢牢掌握了我国发展和安全主动权"。面对社会主义现代化建设过程中存在的政治安全风险、意识形态安全风险、经济发展风险、科技安全风险、社会稳定风险等，习近平总书记指出，"我们在工作中遇到的斗争是多方面的，改革发展稳定、内政外交国防、治党治国治军都需要发扬斗争精神、提高斗争本领"，必须坚持敢于斗争，"努力在危机中育新机、于变局中开新局"。同时，针对当前党内存在的部分党员干部斗争意识弱化，斗争意志不坚定，斗争精神不足等问题，习近平总书记也多次强调，新时代党员干部要敢于担当，坚持底线思维，坚定斗争意志，"面对矛盾敢于迎难而上，面对危机敢于挺身而出"。对于党内和党外、国内和国外的重大风险挑战，对于一切危及发展和安全的矛盾问题，唯有坚决斗争才有出路。习近平总书记关于防范化解重大风险的重要论述蕴含着我们要"在斗争中学会斗争"的内在要求，不断丰富完善习近平新时代中国特色社会主义思想的精髓。

新时代开启全面建设社会主义现代化国家新征程要始终坚持敢于斗争

敢于斗争作为习近平新时代中国特色社会主义思想的精髓，是坚决捍卫"两个确立"，增强"四个意识"、坚定"四个自信"、做到"两个维护"的必然要求。新时代新征程，坚持敢于斗争需要牢牢把握正确方向，掌握更为科学的原则和方法，切实提高斗争本领。

敢于斗争需要牢牢把握正确斗争方向，坚决捍卫"两个确立"，增强"四个意识"、坚定"四个自信"、做到"两个维护"。党的十八大以来，我们旗帜鲜明强调坚持和加强党的领导，坚决同一切偏离正确政治方向、政治立场，违反政治纪律，背离正确指导思想，弱化理论武装等问题作斗争。经过长期不懈地敢于并善于斗争、勇于自我革命，我们"从根本上改变了党的领导被弱化削弱的状况"。党中央权威和集中统一领导得到有力保证。这是牢牢把握正确斗争方向、开展坚决斗争的必然结果，也是坚决捍卫"两个确立"、做到"两个维护"的必然要求。

坚持敢于斗争，方向问题至关重要。习近平总书记强调指出，全党同志特别是领导干部要"始终在政治立场、政治方向、政治原则、政治道路上同党中央保持高度一致"。坚决同不能从政治高度认识问题、不能正确认识局部与全局的关系、不能自觉向党中央看齐等问题作斗争，这是增强"四个意识"的必然要求。习近平总书记强调指出，领导干部必须"始终坚定中国特色社会主义道路自信、理论自信、制度自信、文化自信，以此来增强政治鉴别力和政治敏锐性，以此来提高抵御各种风险挑战的能力"。坚决同一切削弱、歪曲、否定党的领导和我国社会主义制度的言行作斗争，同历史虚无主义和文化虚无主义等错误思潮作斗争，经受住"四大考验"、抵御住"四种危险"，这是坚定"四个自信"的必然要求，同时也是在新征程上不断夺取伟大斗争新胜利需要坚守的正确方向。

敢于斗争需要掌握科学的原则和方法，切实提高斗争本领。新时代开启全面建设社会主义现代化国家、向第二个百年奋斗目标进军新征程，必须坚持敢于斗争，这就要求我们掌握科学的原则和方法，切实提高斗争本领。关于斗争原则，习近平总书记强调指出，必须对危害中国共产党领导和我国社会主义制度，危害我国主权、安全、发展利益，危害我国核心利益和重大原则，危害我国人民根本利益，危害我国实现"两个一百年"奋斗目标、实现中华民族伟大复兴的各种风险挑战作坚决斗争，并且一定要取得斗争胜利。关于斗争方法，习近平总书记强调，"斗争是一门艺术，要善于斗争"，要深刻把握斗争规律，"要抓主要矛盾、抓矛盾的主要方面，坚持有理有利有节，合理选择斗争方式、把握斗争火候，在原则问题上寸步不让，在策略问题上灵活机动。要根据形势需要，把握时、度、效，及时调整斗争策略"。

关于提高斗争本领，习近平总书记指出，党员干部"要坚持在重大斗争中磨砺，越是困难大、矛盾多的地方，越是形势严峻、情况复杂的时候，越能练胆魄、磨意志、长才干"。这就要求党员干部敢于到重大斗争中真刀真枪干，善于在复杂斗争中磨炼自身，经受严格的思想淬炼、政治历练、实践锻炼、专业训练，应对好每一次的重大风险挑战。同时，在斗争实践过程中，党员干部要坚持用马克思主义立场观点方法观察问题、分析问题、解决问题，学懂弄通做实党的创新理论，夯实敢于斗争、善于斗争的思想根基，进而提升"见微知著""透过现象看本质""准确识变、科学应变、主动求变""洞察先机、趋利避害"的斗争本领。

敢于斗争是开启全面建设社会主义现代化国家新征程、推进中华民族伟大复兴历史进程的强大思想动力。立足新时代，我们要深刻领会、全面贯彻敢于斗争这一习近平新时代中国特色社会主义思想精髓，深刻把握"两个大局"的时代特征，深刻认识我国社会主要矛盾变化带来的新特征新要求，敢于斗争、善于斗争，勇于战胜一切风险挑战，为实现第二个百年奋斗目标、实现中华民族伟大复兴的中国梦而不懈奋斗。

赵淑杰 ▎ 中国社会科学院大学历史学院

刘 勇 ▎ 同济大学马克思主义学院教授、博士生导师

胸怀天下：
习近平新时代中国特色社会主义思想的精髓

习近平新时代中国特色社会主义思想，以深邃的历史眼光和博大的天下情怀，既立足中国又放眼世界，既关怀当下又远眺未来，蕴含着胸怀天下的丰富内涵和思想精髓。坚持胸怀天下，集中体现了习近平总书记对中国和世界发展大势、人类前途命运的深邃思考，鲜明诠释了习近平新时代中国特色社会主义思想的世界视野和大国担当。

胸怀天下是中国共产党百年奋斗的一条重要历史经验

中国共产党是为中国人民谋幸福、为中华民族谋复兴的政党，也是

为人类谋进步、为世界谋大同的政党，始终把为人类作出新的更大贡献作为自己的使命。习近平总书记强调："中国共产党百年奋斗的一条重要历史经验就是坚持胸怀天下，始终关注人类前途命运。"党始终以世界眼光关注人类前途命运，从人类发展大潮流、世界变化大格局、中国发展大历史正确认识和处理同外部世界的关系，坚持开放、不搞封闭，坚持互利共赢、不搞零和博弈，坚持主持公道、伸张正义，站在历史正确的一边，站在人类进步的一边，以胸怀天下的担当和自强不息的奋斗深刻改变了世界发展的趋势和格局。

建党之初，党就与国际上一切进步力量进行合作，致力于为推动人类和平发展贡献自身力量。新民主主义革命时期，党领导人民浴血奋战、百折不挠，实现了民族独立、人民解放，极大地改变了世界政治格局，鼓舞了全世界被压迫民族和人民争取解放的斗争。社会主义革命和建设时期，党提出"中国应当对于人类有较大的贡献"，坚持独立自主和平外交政策，倡导坚持和平共处五项原则，作出中国永远不称霸的庄严承诺，赢得了国际社会的尊重和赞誉。改革开放和社会主义现代化建设新时期，党提出"和平与发展是当今时代的主题"，坚定维护广大发展中国家利益，推动建立公正合理的国际政治经济新秩序，促进世界持久和平、共同繁荣。

党的十八大以来，世情国情党情持续发生深刻复杂变化，向中国共产党人提出一系列新的重大课题。从世情看，世界正处于百年未有之大变局，人类又一次处在历史的十字路口，"世界怎么了，我们怎么办"成为世界之问、时代之问；从国情看，我国正处于以中国式现代化推进中华民族伟大复兴的关键时期，改革发展稳定任务之重、矛盾风险挑战之多、治国理政考验之大前所未有；从党情看，中国共产党面临的"四大考验""四种危险"更加复杂严峻，肩负的任务更加艰巨。在科学回答这些重大课题的历史进程中创立的习近平新时代中国特色社会主义思想坚持把中华优秀传统文化中的大同世界理想转化为弘扬平等互信、包容互鉴、合作共赢的精神，促进国际合作、实现互利共赢的实际行动；坚持把实现民族独立、人民解放和国家富强、人民幸福这两大历史任务同马克思主义为人类求解放的崇高理想紧密地联系在一起；坚持把为中国人民谋幸福同为人类进步事业而奋斗紧密地联系在一起，在当代中国、在当今世界高高举起了马克思主义的光辉旗帜。

胸怀天下体现了习近平新时代中国特色社会主义思想的世界视野

胸怀天下，既是一种使命担当，也是一种战略思维，更是一种精神气质。习近平总书记关于胸怀天下的新思想新观点新论断，指明了不同国家、不同民族、不同文明的共同奋斗方向，集中体现了我们党大道之行、天下为公的世界视野和宽阔胸襟，也深刻揭示了我们党书写中华民族几千年历史上最恢宏史诗、深刻影响世界历史进程的内在逻辑，成为习近平新时代中国特色社会主义思想的精髓。

坚持推动构建人类命运共同体，科学回答"世界怎么了，我们怎么办"的时代之问。当前，世界之变、时代之变、历史之变正以前所未有的方式展开。世界怎么了，我们怎么办？基于对人类历史的深刻分析、对现实世界的深刻洞察、对时代大势的深刻把握，习近平总书记指出，"人类生活在同一个地球村里，生活在历史和现实交汇的同一个时空里，越来越成为你中有我、我中有你的命运共同体"，创造性提出"中国方案是：构建人类命运共同体，实现共赢共享"，强调"世界命运应该由各国共同掌握，国际规则应该由各国共同书写，全球事务应该由各国共同治理，发展成果应该由各国共同分享"。这一重大理念契合了人类文明的共通内核，揭示了世界各国相互依存和人类命运紧密相连的客观现实和发展规律，回应了各国人民求和平、谋发展、促合作的普遍诉求，为人类社会实现共同发展、持续繁荣绘制了蓝图、指明了方向。

关于构建什么样的人类命运共同体，习近平总书记强调："推动构建人类命运共同体，不是以一种制度代替另一种制度，不是以一种文明代替另一种文明，而是不同社会制度、不同意识形态、不同历史文化、不同发展水平的国家在国际事务中利益共生、权利共享、责任共担，形成共建美好世界的最大公约数。"关于如何构建人类命运共同体，习近平总书记主张世界各国坚持对话协商，建设一个持久和平的世界；坚持共建共享，建设一个普遍安全的世界；坚持合作共赢，建设一个共同繁荣的世界；坚持交流互鉴，建设一个开放包容的世界；坚持绿色低碳，建设一个清洁美丽的世界。这向世界清晰传递了对于人类文明走向和世界前途命运的中国主张，开辟了当代国际关系理论创新发展的新境界。近年来，坚持推动构建人类命运共同体被写入《中国共产党章程》和《中华人民共和国宪法》，多次被写进联合国等重要国际和地区组织文件，显示出强大的影响力、感召力、塑造力。在抗击新冠疫情的过程中，中国政府发起了新中国成立以来援助时间最集中、涉及范围最广的紧急人道主义行动，为全球疫情防控注入源源不断的动力，充分展示了讲信义、重情义、扬正义、守道义的大国形象，生动诠释了为世界谋大同、推动构建人类命运共同体的大国担当。

坚守和弘扬全人类共同价值，共同书写不同文明交流互鉴的发展新篇。"各美其美，美美与共。"世界是丰富多彩的，多样性是人类文明的魅力所在，更是世界发展的活力和动力之源。不同文明如何交流互鉴？2015年，习近平主席在第七十届联合国大会一般性辩论时首次提出全人类共同价值并阐释其基本内涵。此后，习近平总书记在多个重大场合强调要弘扬和平、发展、公平、正义、民主、自由的全人类共同价值，倡导不同文明交流互鉴，促进人类文明发展。全人类共同价值是推动构建人类命运共同体的价值内核，凝聚了人类不同文明的价值共识，超越了意识形态、社会制度和发展水平差异，画出了世界各国人民普遍认同的价值理念的最大同心圆，为国际社会实现最广泛的团结提供了可信的共同价值纽带。

关于如何理解全人类共同价值的基本内涵，习近平总书记深刻指出："和平与发展是我们的共同事业，公平正义是我们的共同理想，民主自由是我们的共同追求。"和平与发展、公平与正义、民主与自由作为全人类共同价值的要素相互联系、层层递进，形成完整的逻辑链条，贯通了个人、国家、世界三个层面，既反映了人作为个体对生存、发展、平等、自由的共同追求，也揭示了世界各国处理彼此关系的普遍共识。没有和平与发展，其他要素便成了空中楼阁；没有公平与正义，其他要素就只能是少数人、少数国家的专利；没有民主与自由，其他要素会失去目标和动力。全人类共同价值体现了不同文明对价值内涵和价值实现的共通点，蕴含的正是各国人民对美好生活的共同企盼。正因如此，习近平总书记强调："我们要本着对人类前途命运高度负责的态度，做全人类共同价值的倡导者，以宽广胸怀理解不同文明对价值内涵的认识，尊重不同国家人民对价值实现路径的探索，把全人类共同价值具体地、现实地体现到实现本国人民利益的实践中去。"

践行共商共建共享的全球治理观，深刻解答建设一个什么样的世界、如何建设这个世界的重大课题。当今世界，大国博弈加剧，传统安全和非传统安全问题交织，经济复苏疲软，全球性系统性风险不断积聚，全球治理赤字日益高企。建设一个什么样的世界、如何建设这个世界？这比以往任何时刻都更需要站在全人类战略高度的思想引领，凝聚合力、激发动力。面对严峻复杂的全球性挑战，习近平总书记鲜明指出："任何单边主义、极端利己主义都是根本行不通的，任何脱钩、断供、极限施压的行径都是根本行不通的，任何搞'小圈子'、以意识形态划线挑动对立对抗也都是根本行不通的。""要坚持共商共建共享的全球治理观，坚持全球事务由各国人民商量着办，积极推进全球治理规则民主化。"共商共建共享的全球治理观，主张世界各国走出一条对话而不对抗、结伴而不结盟、共赢而非零和的新型安全之路，体现了中国在全球治理体系变革中的中国智慧。

关于如何践行共商共建共享的全球治理观，习近平总书记强调，"要坚持真正的多边主义，践行共商共建共享的全球治理观，动员全球资源，应对全球挑战，促进全球发展"，并系统阐明中国的发展观、安全观、文明观、生态观、国际秩序观和全球治理观。中国着眼国际秩序调整演变，践行真正的多边主义，坚定维护以联合国为核心的国际体系和以国际法为基础的国际秩序，坚定维护以联合国宪章宗旨和原则为基础的国际关系基本准则；秉持和遵循共商共建共享原则，"一带一路"已成为当今世界深受欢迎的国际公共产品和国际合作平台；积极参与全球治理体系改革和建设，携手构建人类命运共同体成为引领时代潮流和人类前进方向的鲜明旗帜；始终是世界和平的建设者、全球发展的贡献者、国际秩序的维护者，与世界各国共同推动全球治理体系向着更加公正合理的方向发展。

伟大的时代产生伟大的思想，伟大的思想引领伟大的实践。习近平总书记关于胸怀天下的新思想新观点新论断，立意高远、思想深邃、内涵丰富，实现了历史使命与时代潮流的高度统一、民族精神与国际主义的高度统一、中国气派与世界情怀的高度统一，为把世界各国人民对美好生活的向往变成现实勾勒出越来越清晰的实践路径。

胸怀天下彰显了习近平新时代中国特色社会主义思想的鲜明特色

习近平总书记强调："中国共产党是世界上最大的政党。大就要有大的样子。"大党之"大"，在于有大胸襟担大任、有大理念明大义、有大情怀行大道、有大格局成大业。习近平总书记以开放的眼光、开阔的胸怀，领导中国共产党为人类作出新的更大贡献，擎起了时代的旗帜，展现出鲜明的特色。

把握人类进步大势。"虽有智慧，不如乘势。"中国共产党始终把握人类进步大势，以世界眼光关注人类前途命运，以高度的历史清醒和历史自觉，从纷繁复杂的现象中把握大局，在世界变局中引领方向，破解全球发展困局和难题。习近平总书记旗帜鲜明强调，"要顺应时代发展潮流、把握人类进步大势、顺应人民共同期待，把自身发展同国家、民族、人类的发展紧密结合在一起"。坚持胸怀天下，站在全人类整体利益的高度审视国与国关系，顺应了和平、发展、合作、共赢的时代潮流，揭示了世界各国相互依存和人类命运紧密相连的客观现实和发展规律，展现出宏阔的全球视野和世界胸怀。

牢牢把握历史主动。历史发展有其规律，但人在其中不是完全消极被动的。只要把握住历史发展规律和大势，抓住历史变革时机，顺势而为，奋发有为，就能够更好地前进。回顾100多年的历史，我们党之所以能够坚持胸怀天下、为人类进步事业作出重大贡献，根本在于掌握了认识世界、改造世界的锐利思想武器，始终掌握党和国家事业发展的历史主动。习近平总书记强调："尽管国际形势风云变幻，但开放发展的历史大势不会变，携手合作、共迎挑战的愿望也不会变。我们要不畏浮云遮望眼，准确认识历史发展规律，不为一时一事所惑，不为风险所惧，勇敢面对挑战，向着构建人类命运共同体的目标勇毅前行。"

把自己的事情做好。"胸怀天下、立己达人。"习近平总书记强调，"世界好，中国才能好；中国好，世界才更好。""我们要把自己的事情做好，这本身就是对构建人类命运共同体的贡献。我们也要通过推动中国发展给世界创造更多机遇，通过深化自身实践探索人类社会发展规律并同世界各国分享。"经过持续奋斗特别是党的十八大以来的艰苦努力，我们党领导人民成功推进和拓展了中国式现代化，创造了人类文明新形态，拓展了发展中国家走向现代化的途径，给世界上那些既希望加快发展又希望保持自身独立性的国家和民族提供了全新选择；中国经济连续多年对世界经济增长贡献率约 30%，成为全球经济重要的稳定器、动力源。集中精力做好自己的事情，既是对自己负责，也将为世界和平与发展作出重大贡献。

胸怀天下，既是党在长期实践中积累的宝贵经验，也是习近平新时代中国特色社会主义思想的精髓。在新的征程上，要继续坚持胸怀天下，高举和平、发展、合作、共赢旗帜，奉行独立自主的和平外交政策，坚持走和平发展道路，推动建设新型国际关系，推动构建人类命运共同体，推动共建"一带一路"高质量发展，不断为人类文明进步贡献智慧和力量，推动历史车轮向着光明的前途前进。

统　　筹：有宝华

责任编辑：王世勇

特约编辑：陈　华

图书在版编目（CIP）数据

学习新思想专题述评 /《党建》杂志社编 . —北京：人民出版社，2023.11

ISBN 978-7-01-025773-0

Ⅰ . ①学…　Ⅱ . ①中…　Ⅲ . ①习近平新时代中国特色社会主义思想—学习参

考资料　Ⅳ . ① D610.4

中国国家版本馆 CIP 数据核字（2023）第 112707 号

学习新思想专题述评

XUEXI XINSIXIANG ZHUANTI SHUPING

《党建》杂志社　编

人民出版社　出版发行

（100706　北京市东城区隆福寺街 99 号）

三河市龙大印装有限公司印刷　新华书店经销

2023 年 11 月第 1 版　2023 年 11 月北京第 1 次印刷

开本：710 毫米 ×1000 毫米 1/16　印张：16

字数：160 千字

ISBN 978-7-01-025773-0　定价：59.80 元

邮购地址　100706　北京市东城区隆福寺街 99 号

人民东方图书销售中心　电话（010）65250042　65289539